JANA THOMAS

BRETAGNE

Kochbuch

Alle Ratschläge in diesem Buch wurden vom Autor und vom Verlag sorgfältig erwogen und geprüft. Eine Garantie kann dennoch nicht übernommen werden. Eine Haftung des Autors beziehungsweise des Verlags für jegliche Personen-, Sach- und Vermögensschäden ist daher ausgeschlossen.

Email: info@edition-lunerion.de
www.edition-lunerion.de

Psiana eCom UG
Berumer Str. 44
26844 Jemgum

Vorwort

Majestätische Klippenlandschaft, malerische Buchten, Traumstrände und reizvolle Dörfer: Alleine landschaftlich ist die Bretagne als Urlaubsziel ein Volltreffer – doch getoppt wird das Erlebnis erst durch die unvergleichliche Küche. Dafür müssen Sie sich zum Glück nicht einmal auf die Reise begeben, denn mit diesem Kochbuch holen Sie sich Bretagne pur ganz einfach auf den Tisch.

Das Meer liefert Fisch, Muscheln und Meeresfrüchte, die fruchtbare Landschaft steuert zartes Gemüse und würzige Kräuter bei und seit Generationen gepflegte Tradition vereint den Reichtum des Landes zu einzigartigem Geschmack – all das zusammen ergibt die bretonische Küche, die auch innerhalb Frankreichs einen legendären Ruf genießt. Neben berühmten Spezialitäten wie herzhaften Galettes, süßen Crêpes, Meeresfrüchten oder Cidre bietet sie eine Riesenauswahl an weniger bekannten Köstlichkeiten, bei denen für jeden Geschmack etwas dabei ist. Von lokalen Frühstücksideen über Salate, Suppen und Snacks bis hin zu herzhaften Hauptgerichten finden Fleischfreunde, Fischliebhaber und Veggies in diesem Buch jede Menge kulinarische Inspirationen und selbstverständlich kommen auch Naschkatzen auf ihre Kosten.

Guten Appetit!

INHALT

Wissenswertes

Willkommen zu einer unvergesslichen kulinarischen Reise in die bezaubernde und vielfältige Welt der Bretagne – einer Region Frankreichs, die nicht nur landschaftlich beeindruckt, sondern auch eine reiche kulinarische Tradition birgt, die Generationen von Feinschmeckern verzaubert hat.

Die Bretagne, gelegen im Nordwesten Frankreichs, ist eine Region von unvergleichlicher Schönheit und Vielfalt. Mit ihrer malerischen Küste, geprägt von majestätischen Klippen, sanften Buchten und endlosen Sandstränden, hat die Bretagne seit jeher Reisende, Künstler und Abenteurer angezogen. Doch nicht nur ihre landschaftliche Schönheit macht die Bretagne zu einem einzigartigen Ort – es ist auch die Seele der Region, ihre kulturelle Tiefe und ihre tief verwurzelten kulinarischen Traditionen, die sie so besonders machen.

Die Bretagne hat eine lange Geschichte, die bis in die Zeiten der Kelten und Römer zurückreicht. Diese reiche Geschichte hat nicht nur die Architektur und die Bräuche der Region geformt, sondern auch ihre Küche. Aufgrund ihrer Lage zwischen Land und Meer war die Bretagne schon immer gesegnet mit einer Fülle von Zutaten. Landwirtschaftliche Erzeugnisse wie saftige Äpfel, aromatische Kräuter und zartes Gemüse gedeihen in den fruchtbaren Böden, während das umgebende Meer eine reiche Vielfalt an Fisch und Meeresfrüchten liefert.

Diese natürliche Fülle spiegelt sich in den vielfältigen kulinarischen Köstlichkeiten wider, die in den traditionellen Gerichten der Bretagne zu finden sind.

Die Bretagne ist stolz auf ihre kulinarische Identität, die eng mit der Geschichte und den Menschen dieser Region verbunden ist. Eines der bekanntesten Beispiele dafür sind die herzhaften Galettes – Buchweizenpfannkuchen, die oft mit einer Vielzahl von herzhaften Füllungen serviert werden und die sowohl Einheimische als auch Besucher gleichermaßen begeistern. Die berühmten Crêpes sind hingegen für ihre süßen Variationen beliebt und verführen mit einer unwiderstehlichen Kombination aus knuspriger Textur und zarten Füllungen.

Doch die Bretagne hat noch viel mehr zu bieten als nur Pfannkuchen. Ihre Küche ist auch für ihre exquisiten Meeresfrüchte bekannt, darunter Austern, Muscheln und Hummer, die frisch aus den umliegenden Gewässern gefangen werden. Diese Delikatessen finden sich sowohl in rustikalen, traditionellen Gerichten als auch in feineren kulinarischen Kreationen wieder.

In diesem Kochbuch laden wir Sie ein, die Geheimnisse dieser faszinierenden Küche zu erkunden. Wir werden traditionelle Rezepte enthüllen, die von Generation zu Generation weitergegeben wurden, sowie moderne Interpretationen, die die Essenz der Bretagne in jedem Bissen einfangen. Tauchen Sie ein in die Aromen, die Geschichten und die Leidenschaft, die in jedem Gericht stecken, und entdecken Sie die reiche kulinarische Welt der Bretagne – eine Welt, die mit jedem Löffel ein Stück dieser bezaubernden Region in Ihr Zuhause bringt.

DIE BRETONISCHE KÜCHE

Die Bretagne hat eine lange Tradition in der Herstellung von Gerichten aus Fleisch, frischen Meeresfrüchten, lokalen Produkten und Gemüse. Im Folgenden lesen Sie alles über die bekanntesten regionalen Spezialitäten der Region im Nordwesten Frankreichs.

Galettes und Crêpes

Die dünnen Pfannkuchen aus Weizen- oder Buchweizenmehl sind aus der bretonischen Küche nicht wegzudenken. Sie werden mit einer Vielzahl von Dingen gefüllt und serviert – zum Beispiel Käse, Eier, Pilze oder Schinken. Galettes sind die herzhafte Variante dieser Pfannkuchen und werden aus Buchweizenmehl gebacken.

Kouign-amann

Dieses süße Gebäck aus Zucker, Butter und Mehl stammt aus der bretonischen Stadt Douarnenez und ist bekannt für die knusprige Textur und den buttrigen, reichhaltigen Geschmack. Die Miniaturversion dieser Spezialität nennt sich „Kouginette" und wird gern als Snack genommen oder auch als Souvenir von Touristen gekauft.

Meeresfrüchte

Da die Bretagne sich an der Atlantikküste erstreckt, sind vor allem frische Meeresfrüchte ein Gericht von Tradition. Besonders berühmt sind die Austern aus Cancale und werden schon seit Jahrhunderten in der Region gezüchtet.

Far Breton

Ein Far Breton ist ein traditioneller Kuchen aus Eiern, Milch, Mehl und Zucker. Er enthält oft getrocknete Früchte wie Pflaumen oder Rosinen.

Cidre

Die Cidre-Produktion in der Bretagne ist über die Landesgrenzen hinaus bekannt. Der Schaumwein wird aus lokal angebauten Äpfeln hergestellt und schmeckt süß oder auch trocken. Häufig wird das Getränk zum Essen oder als Aperitif serviert.

TIPPS ZUM EINKAUFEN

Wenn Sie die bretonischen Rezepte dieses Kochbuchs genießen wollen, dann gibt es einige Tipps zum Einkaufen und Vorbereiten der Zutaten. So schmecken die Gerichte besonders authentisch und lecker.

Frische Zutaten

Das gilt natürlich für fast jede Küche, aber in einer so Meeresfrucht-dominanten Küche erst recht. Um das Aroma und den Geschmack der vielen verschiedenen Zutaten zur Geltung zu bringen, sind frische Zutaten unverzichtbar.

Saisonale und regionale Lebensmittel

Die bretonische Küche ist von der Region und auch den Jahreszeiten stark abhängig. Wenn Sie das beachten, können Sie noch besser traditionelle bretonische Gerichte zaubern.

Sorgfältige Vorbereitung

Nehmen Sie sich Zeit für die Lebensmittel. Vor allem Gemüse und Meeresfrüchte müssen gründlich gereinigt und in gleich große Stücke geteilt werden, damit Sie auch eine gleichmäßige Garzeit gewährleisten können.

Bretonische Kräuter und Gewürze

Die bretonische Küche nutzt eine reichhaltige Vielzahl an Gewürzen und Kräutern, um ihre Gerichte mit diversen Aromen zu versorgen und zu verfeinern. Vor allem Pfeffer, ein gutes Salz, Lorbeerblätter und Thymian sollten Sie im Haus haben. So steht Ihrem bretonischen Menü nichts mehr im Wege!

Frühstück

BRUNCH-CRÊPES

4 Port.

25 Min.

Mittel

Zutaten

70 g Weizenmehl
70 g Buchweizenmehl
3 Eier
260 ml Buttermilch
¼ TL Salz
200 g geschälter Spargel
300 g Babyspinat
200 g Beaufort-Käse
1 TL schwarzer Pfeffer
2 EL Olivenöl
1,5 EL Weißweinessig
1 EL Butter

Nährwerte p. P.

511 kcal
36 g Kohlenhydrate
25 g Fett
31 g Eiweiß

1 Beide Mehle, Buttermilch, ein Ei und das Salz in einer Schüssel zu einem glatten Teig verrühren. Für zwei Stunden im Kühlschrank ruhen lassen.

2 Eine Pfanne bei mittlerer bis hoher Hitze erhitzen. Die Pfanne mittels Küchenpapier mit Butter einstreichen und mit circa einer halben Kelle Teig füllen. Die Pfanne schwenken, damit sich der Teig dünn ausbreitet. Die Crêpes von beiden Seiten für ungefähr eine Minute backen lassen. Die fertigen Crêpes stapeln.

3 Währenddessen den Backofen auf 200 Grad erhitzen und einen mittelgroßen Topf mit Salzwasser zum Kochen bringen. Den Spargel darin für zwei Minuten bissfest kochen, dann abtropfen und abkühlen lassen.

4 In einem weiteren Topf Salzwasser mit einem Esslöffel Essig zum Kochen bringen.

5 Währenddessen die Eier aufschlagen und mit dem restlichen Essig verrühren. Die Eier vorsichtig ins kochende Wasser gleiten lassen und für drei bis vier Minuten kochen lassen, bis sie außen geschlossen sind, aber innen noch weich.

6 Das Öl in einer Pfanne erhitzen und den Spinat darin anschwitzen lassen. Mit Pfeffer und Salz würzen. Den Käse reiben.

7 Eier, Spargel, Spinat und den geriebenen Käse auf den Crêpes verteilen. Dann zu einer Körbchenform zusammenfalten. Legen Sie die Crêpes auf ein Backblech. Beträufeln Sie sie mit etwas geschmolzener Butter und backen Sie sie für fünf Minuten.

BAUERNFRÜHSTÜCK

4 Port.

30 Min.

Leicht

Zutaten

300 g gekochte Kartoffeln
2 Eier
50 g Champignons
½ rote Zwiebel
½ rote Paprika
½ EL Essig
Salz, Pfeffer
etwas Olivenöl
etwas Piment d'Espelette (französisches Gewürz)

Nährwerte p. P.

104 kcal
19 g Kohlenhydrate
3 g Fett
5 g Eiweiß

1 Die Kartoffeln in Scheiben schneiden. Etwas Öl in einer Pfanne erhitzen und die Kartoffelscheiben darin anbraten.

2 Währenddessen die Champignons und die Paprika in Stücke schneiden. Die Zwiebel schälen und in Scheiben schneiden.

3 Alle Zutaten mit zu den Kartoffeln geben und alles zusammen braten. Einen Topf mit Wasser füllen, den Essig hinzugeben und zum Kochen bringen.

4 In der Zwischenzeit die Kartoffeln und das Gemüse in der Pfanne schwenken, damit nichts anbrennt. Mit Pfeffer, Salz und dem Piment d'Espelette würzen.

5 Sobald das Wasser kocht, ein Ei in einer Tasse aufschlagen. Darauf achten, dass das Eigelb nicht zerfließt. Die Temperatur auf dem Herd reduzieren, sodass das Wasser nicht mehr kocht

6 Das Wasser mit einem Schneebesen rühren, bis ein Strudel entsteht, und das Ei aus der Tasse langsam in den Strudel gleiten lassen. Für etwa vier Minuten kochen, damit das Eigelb weich bleibt, aber das Eiweiß außen verschlossen ist. Mit dem zweiten Ei genauso verfahren.

7 Die pochierten Eier auf das Bauernfrühstück legen und genießen.

BRETONISCHE GALETTE

4 Port.

2,5 Std.

Mittel

Zutaten

330 g Buchweizenmehl
13 Eier
12 TL Butter
12 EL Crème fraîche
12 Scheiben Schinken
600 g Käse
10 g grobes Salz
750 ml Wasser

Nährwerte p. P.

1293 kcal
70 g Kohlenhydrate
70 g Fett
90 g Eiweiß

1 Das Mehl mit dem Salz vermischen. In Schlucken nach und nach das Wasser hinzugeben und mit einem Handrührgerät zu einem glatten Teig verrühren. Zum Schluss ein Ei unter den Teig heben. Für zwei Stunden im Kühlschrank ruhen lassen.

2 Währenddessen eine Pfanne erhitzen und einen Teelöffel Butter darin schmelzen lassen. Eine halbe Kelle Teig in die Pfanne geben und schwenken, damit sich der Teig dünn verteilt. Für einige Minuten backen lassen und wenden.

3 Nach dem Wenden ein rohes Ei, eine Scheibe Schinken, einen Esslöffel Crème fraîche und 50 g Käse auf dem Crêpe verteilen. An den Ecken einschlagen, vorsichtig aus der Pfanne nehmen und servieren.

4 Mit dem restlichen Teig und den restlichen Zutaten genauso verfahren.

KOUIGN-AMANN

BRETONISCHER BUTTERKUCHEN

 6 Port.
 2 Std.
 Mittel

Zutaten

250 g Weizenmehl
5 g frische Hefe
200 g Zucker
2 EL Milch
200 g leicht gesalzene Butter
4 g Salz
160 ml Wasser

Nährwerte p. P.

529 kcal
65 g Kohlenhydrate
28 g Fett
5 g Eiweiß

1 Wasser, Salz, Mehl und Hefe zu einem elastischen Teig verkneten. Zu einer Kugel formen und für eine Stunde bei Zimmertemperatur gehen lassen. Währenddessen den Ofen auf 200 Grad vorheizen.

2 Den Teig ausrollen. Die kalte Butter ebenfalls ausrollen und auf den Teig legen. Den gesamten Zucker auf der Butter verteilen.

3 Den Teig-Butter-Zucker-Fladen von beiden Seiten über die Mitte falten. Mit dem Nudelholz an beiden Enden auf den Teig schlagen, damit die Enden auch wirklich geschlossen sind. Dann die Enden wieder über die Mitte falten. Den Teig mit dem Nudelholz wieder anklopfen. Den Teigklumpen quadratisch ausrollen und das Prozedere wiederholen.

4 Nun von dem erneut ausgerollten Quadrat die Ecken in die Mitte rollen und festdrücken, damit eine Kugel entsteht. Den Teig mit den zusammengeklappten Enden nach unten auf die Arbeitsfläche legen und auf die Größe der Springform ausrollen.

5 In die Form geben und zwei Esslöffel Milch über dem Teig verteilen. Dann rautenförmig mit einem Messer einritzen.

6 Im vorgeheizten Ofen für 35 bis 40 Minuten backen lassen. Nach dem Backen noch einmal in der Form für fünf Minuten abkühlen lassen und zum Frühstück zum Beispiel mit Beeren servieren.

RIZ AU LAIT

MILCHREIS

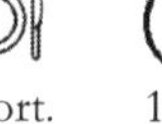
4 Port.

1 Std. 10 Min.

Leicht

Zutaten

100 g Rundkornreis
1 l Milch
1 kg Rhabarber
1 Vanilleschote
150 g Zucker

Nährwerte p. P.

423 kcal
76 g Kohlenhydrate
8 g Fett
10 g Eiweiß

1 Die Vanilleschote halbieren und mit einem Messer auskratzen.

2 Milch, 50 g Zucker und die Hälfte der Vanilleschote zum Kochen bringen. Sobald die Milch kocht, die Hitze reduzieren und den Reis hinzugeben. Für 20 Minuten bei geringer Hitze köcheln lassen und regelmäßig umrühren. Dann den Milchreis abkühlen lassen.

3 Währenddessen den Rhabarber waschen und die Enden abschneiden. Die Stangen in Stücke schneiden. Die Rhabarberstücke mit dem restlichen Zucker und der restlichen Vanilleschote in einen Topf geben und für zehn Minuten ziehen lassen.

4 Dann den Rhabarber für eine halbe Stunde bei geringer Hitze kochen und dabei regelmäßig umrühren.

5 Den Milchreis mit dem warmen Kompott servieren.

GALETTE-SAUCISSE

BRETONISCHER HOTDOG

4 Port.

30 Min.

Leicht

Zutaten

8 Lammwürste
225 g Buchweizenmehl
550 ml Milch
2 Eier
1 TL Salz
1 TL Sonnenblumenöl

Nährwerte p. P.

314 kcal
51 g Kohlenhydrate
7 g Fett
13 g Eiweiß

1 Den Ofen auf 180 Grad vorheizen.

2 Die Würste im Ofen für 20 bis 25 Minuten rösten lassen und dabei immer wieder wenden, damit sie nicht von einer Seite schwarz werden.

3 Währenddessen das Buchweizenmehl mit den Eiern, dem Öl und Salz zu einem glatten Teig vermengen. Die Milch Schluck für Schluck hinzugeben und dabei ständig Rühren.

4 Eine Pfanne mit etwas Öl erhitzen, eine Kelle Teig in die Pfanne geben und die Pfanne schwenken, damit sich der Teig gleichmäßig verteilt. Von beiden Seiten braun braten.

5 Die Würste aus dem Ofen nehmen. Die Crêpes einmal falten und dann jeweils ein Würstchen darin einwickeln.

PAIN PERDU

ARMER RITTER

 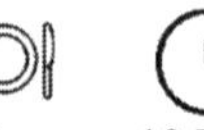 

2 Port. 10 Min. Leicht

Zutaten

2 Eier
80 g gesalzene Butter
½ Brioche Baguette
30 g brauner Zucker
250 ml Milch

Nährwerte p. P.

475 kcal
28 g Kohlenhydrate
39 g Fett
10 g Eiweiß

1 Die Eier mit dem Zucker schaumig schlagen. Die Milch nach und nach dazugeben und dabei ständig rühren. Das Baguette in mitteldicke Scheiben schneiden.

2 Nun die Hälfte der Butter in einer Pfanne bei mittlerer Hitze schmelzen lassen. Sobald sie anfängt, Blasen zu schlagen, die Baguette-Scheiben in den Milch-Zucker-Eier-Mix tauchen und dann in der Pfanne von beiden Seiten goldbraun braten lassen.

3 Die restliche Butter in Flöckchen auf dem gebratenen Brot verteilen und schmelzen lassen. Heiß servieren.

Salate

SALADE CHEVRE CHAUD

SALAT MIT ZIEGENKÄSE

4 Port.

20 Min.

Leicht

Zutaten

8 Ziegenfrischkäsetaler
4 EL getrocknete Cranberrys
4 Handvoll Pflücksalat
4 EL Walnüsse
4 Nashibirnen
8 Scheiben Bacon
4 TL Rosmarin
6 TL Honig
4 TL Honigsenf
6 EL Olivenöl
3 EL Wasser
3 EL weißer Balsamico

Nährwerte p. P.

620 kcal
46 g Kohlenhydrate
45 g Fett
12 g Eiweiß

1 Den Ofen auf 200 Grad Umluft vorheizen.

2 Aus Wasser, Olivenöl, Balsamico, zwei Teelöffeln Honig und dem Honigsenf ein Dressing anrühren.

3 Den Salat waschen und mit dem Dressing verrühren. Die Nashibirnen waschen, entkernen und in Würfel schneiden. Die Walnüsse hacken.

4 Den Bacon auf ein Backblech in den Ofen schieben und für ungefähr zehn Minuten backen lassen.

5 Den Ziegenkäse auch auf ein Backblech legen und mit dem restlichen Honig beträufeln. Den Rosmarin darüber verstreuen und für fünf Minuten mit in den Ofen geben.

6 Den Salat mit Beeren, Birnen, Bacon, Walnüssen und Ziegenkäse servieren.

SALADE DE COQUES

MIESMUSCHELSALAT

4 Port.

40 Min.

Mittel

Zutaten

2 Lauchstangen
1,5 l Miesmuscheln
2 Knoblauchzehen
4 Schalotten
1 Orange
1 Bund Schnittlauch
1 kleines Stück frischer Ingwer
1 TL Sojasoße
2 EL Olivenöl
ein paar Tropfen Tabasco

Nährwerte p. P.

335 kcal
26 g Kohlenhydrate
11 g Fett
30 g Eiweiß

1 Die Lauchstangen waschen und in dünne Ringe schneiden. Anschließend die Ringe drei Minuten lang dämpfen und beiseitestellen.

2 Die Miesmuscheln reinigen und für eine Stunde in kaltes Wasser legen. Die Muscheln anschließend in einem Topf mit geschältem und gehacktem Knoblauch bei starker Hitze unter ständigem Rühren kochen lassen, bis sie sich öffnen und ebenfalls beiseitestellen.

3 Den Ingwer schälen und zerkleinern und die Schalotten schälen und in dünne Scheiben schneiden. Die Miesmuscheln mit ihrer Schale in eine große Schüssel legen und Lauch, Ingwer, die geriebene Orangenschale, die Schalotten und den fein gehackten Schnittlauch hinzugeben.

4 Sojasoße, Orangensaft und Olivenöl miteinander verrühren. Einige Tropfen Tabasco hinzugeben, die Mischung über den Miesmuschelsalat geben und alles miteinander vermengen. Den Salat bis zum Servieren kühl stellen.

BRETONISCHER KARTOFFELSALAT

 2 Port.

 40 Min.

 Mittel

Zutaten

4 kleine Kartoffeln
3 Eier
50 g Basilikumblätter
10 EL Olivenöl
3 EL Weißweinessig
2 Knoblauchzehen
3 EL Senf
3 EL Aioli
Salz, Pfeffer

Nährwerte p. P.

805 kcal
25 g Kohlenhydrate
71 g Fett
14 g Eiweiß

1 Die Kartoffeln gründlich waschen, in Wasser aufsetzen und in Salzwasser gar kochen.

2 Zehn Minuten vor Ende der Kochzeit die Eier aufsetzen und für eine Minute kochen lassen, dann acht Minuten stehen lassen. Erst danach abgießen und abschrecken.

3 Die Knoblauchzehen schälen und zerdrücken. Aus dem Essig, dem Olivenöl, den zerdrückten Knoblauchzehen, Senf, Aioli und etwas Pfeffer eine Soße rühren.

4 Die Eier in Scheiben schneiden. Eier, Basilikum und Kartoffeln schichtweise in eine Salatschüssel legen. Jede Schicht mit etwas Soße beträufeln.

5 Eine halbe Stunde durchziehen lassen, nochmals durchmischen und dann servieren.

BRETONISCHER HERINGSSALAT

4 Port. 40 Min. Mittel

Zutaten

1 Glas eingelegte Heringe
2 rote Zwiebeln
1 Apfel
1 Bund Dill
Ketchup
Zitronensaft
Salz, Pfeffer

Nährwerte p. P.

500 kcal
35 g Kohlenhydrate
30 g Fett
22 g Eiweiß

1 Die Heringe abgießen und Zwiebeln aus dem Glas aufbewahren und abspülen. Hering und Zwiebeln klein schneiden.

2 Den Dill hacken. Die Heringe mit Zitronensaft, Pfeffer, Dill und Salz abschmecken.

3 Den Apfel vierteln, entkernen und in Scheiben schneiden. Die Zwiebeln schälen und in feine Ringe schneiden.

4 Eine Spur Tomatenketchup auf einem Teller verteilen und darauf die Zwiebeln, Apfelscheiben und Heringsmasse aneinanderreihen. Mit etwas Dill dekorieren.

BRETONISCHER ALGENSALAT

1 Port.

10 Min.

Leicht

Zutaten

1 Schalotte
100 ml Wasser
30 ml Olivenöl
Saft einer halben Zitrone
etwas Sesamöl
etwas geröstete Sesamsaat
weißer Pfeffer
Salz

Nährwerte p. P.

315 kcal
9 g Kohlenhydrate
30 g Fett
1 g Eiweiß

1 Die Algen mit Wasser aufgießen und quellen lassen.

2 Währenddessen die Schalotte schälen, sehr klein schneiden und zu den Algen geben. Das Olivenöl untermischen und mit Pfeffer abschmecken.

3 Im Kühlschrank einige Stunden ziehen lassen, damit die Algen ausreichend Flüssigkeit und Geschmack aufnehmen können.

4 Mit Sesamöl, Sesamsaat, Zitronensaft und bei Bedarf etwas Salz abschmecken.

BUCHWEIZENSALAT

4 Port.

15 Min.

Leicht

Zutaten

80 g Buchweizen
120 g Tomaten
100 g Zucchini
50 g schwarze Oliven
60 g getrocknete Tomaten
100 g Feta
50 g Rucola
2 EL Pinienkerne
250 ml Gemüsebrühe
3 EL Basilikum
4 TL Kapern
Je 1 EL Oregano du Petersilie
1 EL Apfelessig
1 EL Hefeflocken
½ Zitrone
1 TL Senf
3 EL Olivenöl
1 Prise Chilipulver
Salz, Pfeffer

Nährwerte p. P.

1120 kcal
85 g Kohlenhydrate
73 g Fett
31 g Eiweiß

1 Den Buchweizen in einem Sieb waschen und abtropfen lassen. Die Gemüsebrühe aufkochen lassen und den Buchweizen darin für eine Viertelstunde bei geringer Hitze kochen lassen. Dann vom Herd nehmen und für weitere zehn Minuten ziehen lassen. Anschließend abtropfen lassen.

2 Währenddessen die Tomaten entkernen, den Strunk entfernen und würfeln. Die Zucchini würfeln, die eingelegten Tomaten in Streifen und die Oliven in Ringe schneiden. Den Feta würfeln. Die Pinienkerne ohne Öl in einer Pfanne anrösten.

3 Kapern, Basilikum und Petersilie hacken. Einen Esslöffel Saft der halben Zitrone mit einem Teelöffel abgeriebener Schale mischen und mit den gehackten Zutaten vermischen. Apfelessig, Hefeflocken, Senf und Chilipulver dazugeben und mit Salz und Pfeffer abschmecken.

4 Den Buchweizen mit Tomaten- und Zucchiniwürfeln, Olivenringen und Tomatenstreifen in die Schüssel geben und gut vermengen. Noch einmal mit Pfeffer und Salz abschmecken.

5 Den Rucola vorsichtig unterheben und mit Fetawürfeln und Pinienkernen bestreuen.

TOMATES FARCIES A LA BRETONNE

BRETONISCHER TOMATENSALAT

4 Port.

20 Min.

Leicht

Zutaten

1 Glas schwarze entkernte Oliven
1 halbe grüne Paprika
4 Tomaten
150 g gekochter Reis
180 g Râpé de la Mer Coraya (geraspeltes Surimi)
100 ml Vinaigrette

Nährwerte p. P.

1203 kcal
82 g Kohlenhydrate
88 g Fett
27 g Eiweiß

1 Die Tomaten vorsichtig aushöhlen. Paprika würfeln. In einer Schüssel die Râpé de la Mer Coraya, Paprika und den Reis vermengen.

2 Die Vinaigrette dazugeben und die Tomaten mit der Masse füllen. Mit schwarzen Oliven dekorieren und servieren.

Suppen

BRETONISCHE FISCHSUPPE

 6 Port.

 20 Min.

Mittel

Zutaten

1 ½ kg Fischköpfe und Gräten von Seefischen
3 Knoblauchzehen
6 Schalotten
1 Stange Lauch
2 Möhren
1 Fenchel
3 Kartoffeln
2 Stangen Staudensellerie
3 EL Olivenöl
2 EL Tomatenmark
1 EL Pfefferkörner
2 EL Butter
½ l Wasser
½ l Fischfond
¼ l Weißwein
3 Lorbeerblätter
1 EL Fenchelsamen
1 Zitrone
1 TL Currypulver
100 ml Sahne
2 Spritzer Cognac
1 Prise Safranpulver
Salz, Pfeffer

Nährwerte p. P.

460 kcal
29 g Kohlenhydrate
28 g Fett
20 g Eiweiß

1 Die Fisch-Abfälle waschen, grob stückeln und in Öl in einem großen Topf anbraten.

2 Währenddessen die Schalotten schälen und grob zerteilen. Die Knoblauchzehen schälen und grob hacken. Den Lauch waschen und das Weiße in Ringe schneiden. Den Fenchel in dünne Scheiben schneiden. Die Möhren würfeln. Die Kartoffeln schälen und vierteln. Den Staudensellerie klein schneiden.

3 Nun die Butter im Topf mit dem Fisch schmelzen lassen und das vorbereite Gemüse, Knoblauch und Schalotten dazugeben. Alles zusammen dünsten und immer wieder wenden.

4 Das Tomatenmark untermischen und anrösten. Mit Wein ablöschen und mit dem Wasser und Fischfond auffüllen.

5 Pfeffer, Lorbeerblätter und Fenchelsamen dazugeben und für 75 Minuten bei schwacher Hitze köcheln lassen.

6 Die zerkochte Masse durch ein Sieb passieren. Kochend die Flüssigkeit um 20 Prozent reduzieren und mit Zitrone, Safran, Curry, Cognac und Salz abschmecken. Zum Schluss die Sahne unterrühren und mit Pfeffer nachwürzen.

7 Bei Bedarf noch Muscheln oder vorbereitete Fischfilets als Einlage dazugeben.

KIG HA FARZ

BRETONISCHER EINTOPF

4 Port.

2 Std.

Leicht

Zutaten

125 g Buchweizenmehl
125 g Weizenmehl
300 ml Milch
2 Ei
40 g zerlassene Butter
3 EL Joghurt
4 geräucherte Mettwürste
500 g Kasslernacken
4 Brühwürste
1 Kohlrabi
4 Karotten
1 Zwiebel
1 Stange Lauch
2 Lorbeerblätter
½ TL Rosmarin
2 TL Petersilie
1 TL Thymian
Salz

Nährwerte p. P.

800 kcal
57 g Kohlenhydrate
45 g Fett
43 g Eiweiß

1 Das Gemüse putzen, grob zerkleinern und mit den Mettwürsten und dem Kassler in einen Topf geben. Mit ungefähr zwei Litern Wasser auffüllen, alle Gewürze hinzugeben und erhitzen.

2 Das Buchweizenmehl mit einem Ei, der Hälfte der Milch, dem Joghurt und der zerlassenen Butter mit einer Prise Salz in einer Schüssel vermengen. Den Teig auf ein sauberes Baumwolltuch legen und mit einer Schnur zubinden.

3 Das Weizenmehl mit dem zweiten Ei, der restlichen Milch und etwas Salz zu einem Teig verrühren und auch in ein Baumwolltuch geben und zubinden.

4 Beide Klöße mit in den Eintopf geben und bei geringer Hitze für ungefähr eine Stunde köcheln lassen. Zum Schluss die Brühwürste in den Topf geben und warm werden lassen.

5 Nach einer Stunde die Klöße aus dem Topf nehmen und vorsichtig die Tücher entfernen. Weizenmehlkloß in Scheiben schneiden und den Buchweizenkloß zerkrümeln. Gemüse und Fleisch zusammen mit den Klößen anrichten und die Brühe separat servieren.

SOUPE À L'OIGNON

ZWIEBELSUPPE

4 Port.

35 Min.

Leicht

Zutaten

800 g rote Zwiebeln
50 g Butter
1 Stange Lauch
100 ml Weißwein
1 l Rinderfond
2 EL Mehl
2 EL Sonnenblumenöl
1 Lorbeerblatt
1,5 TL Thymian
1 Packung Chaumes Le Véritable
8 Scheiben Baguette
Salz, Pfeffer
Cayennepfeffer
Muskatnuss

Nährwerte p. P.

370 kcal
33 g Kohlenhydrate
25 g Fett
13 g Eiweiß

1 Den Backofen in Grillstufe auf 180 Grad vorheizen.

2 Die Zwiebeln schälen, halbieren und dann in dünne Scheiben schneiden. Den Lauch putzen und in dünne Ringe teilen.

3 Die Butter und das Öl in einem Topf erhitzen. Die Zwiebeln in den Topf geben und bei geringer Hitze für zehn Minuten andünsten. Dann das Mehl darüber stäuben, einrühren und mit dem Weißwein ablöschen. Lorbeerblatt, Thymian und Rinderfond dazugeben, verrühren und aufkochen lassen.

4 Die Zwiebelsuppe mit Cayennepfeffer, Salz, Pfeffer und Muskatnuss kräftig abschmecken, dann das Lorbeerblatt herausnehmen.

5 Die Baguettescheiben im Ofen goldbraun rösten lassen. Den Käse in Spalten schneiden.

6 Die Suppe in vier Schüsseln verteilen und mit Baguette und Käse belegen.

7 Die Suppe in den Ofen stellen und goldgelb überbacken lassen. Dann sofort servieren.

ALGENSUPPE

4 Port.

25 Min.

Leicht

Zutaten

1 kleiner Hokkaido
2 Zwiebeln
60 g Lappentang
1 EL Olivenöl
1 EL Fischbrühe
1 Blatt dehydrierter Kombu
Gomashio
Sahne
Sesamöl

Nährwerte p. P.

230 kcal
35 g Kohlenhydrate
8 g Fett
7 g Eiweiß

1 Die Zwiebeln schälen, grob hacken und in Olivenöl anbraten. Währenddessen den Hokkaido waschen und in Stücke schneiden. Die Kürbisstücke zu den Zwiebeln geben und bei starker Hitze anbraten.

2 Mit der Fischbrühe ablöschen. Das Kombublatt und so viel heißes Wasser hinzugeben, dass der Kürbis bedeckt ist. Für eine 15 bis 20 Minuten kochen lassen, bis der Kürbis weich ist. Das Kombublatt entfernen und die Suppe pürieren.

3 Etwas Sahne und Sesamöl untermischen. Eine Prise Gomashio darüber verteilen und mit frischem Lappentang servieren.

BRETONISCHE BUCHWEIZENSUPPE

4 Port.

20 Min.

Leicht

Zutaten

200 g durchwachsener Speck
1,5 l Hühnerbrühe
1 Zwiebel
100 g Buchweizenmehl
3 Thymianzweige
1 Selleriestange
1 Lorbeerblatt
5 Blätter frische Pfefferminze
Butter zum Braten
Salz, Pfeffer

Nährwerte p. P.

250 kcal
15 g Kohlenhydrate
13 g Fett
10 g Eiweiß

1 500 ml Hühnerbrühe mit dem Buchweizenmehl verrühren und für eine halbe Stunde quellen lassen. Währenddessen immer mal wieder umrühren.

2 Den Speck in feine Streifen schneiden und für drei Minuten in Salzwasser kochen. Dann abgießen.

3 Die Zwiebel währenddessen fein würfeln und mit dem gekochten Speck für fünf Minuten in etwas Butter anbraten, ohne dass etwas braun wird. Den Sellerie klein schneiden.

4 Das Ganze mit der restlichen Brühe ablöschen. Die Kräuter und den Sellerie hinzufügen und für zehn Minuten kochen lassen.

5 Nun die Kräuter entfernen und das Buchweizenmehl in die Suppe geben. Unter Rühren aufkochen. Für zehn Minuten köcheln lassen und immer wieder weiterrühren. Dann servieren.

POTAGE AUX HARICOTS BRETONNE

BRETONISCHE BOHNENSUPPE

2 Port.

2 Std.
20 Min.

Leicht

Zutaten

200 g weiße Bohnen
3 Karotten
1 Zwiebel
2 Stangen Lauch
150 g Schweinespeck
1 Rübe
1 Knoblauchzehe
1,5 l Wasser
frische Kräuter
Salz

Nährwerte p. P.

530 kcal
64 g Kohlenhydrate
25 g Fett
23 g Eiweiß

1 Die Bohnen über Nacht in kaltem Wasser einweichen.

2 Das Gemüse waschen, schälen und in kleine Stücke schneiden. Den Speck fein schneiden.

3 Das Gemüse in das Wasser geben. Salz, Knoblauch, Kräuter, Bohnen und Speck hinzugeben.

4 Alles für zwei Stunden kochen lassen.

PARMESANSUPPE MIT JAKOBSMUSCHELN

4 Port.

50 Min.

Leicht

Zutaten

6 ausgelöste Jakobsmuscheln
30 g Schalotten
200 g Pastinaken
40 g Pistazien
100 g frisch geriebener Parmesan
1 Mini Römersalat
100 ml Schlagsahne
100 ml weißer Wermut
250 ml Milch
500 ml Gemüsebrühe
3 EL Öl
1 Zitrone
1 Lorbeerblatt
Piment d'Espelette
Salz

Nährwerte p. P.

422 kcal
13 g Kohlenhydrate
27 g Fett
25 g Eiweiß

1 Die Schalotten fein würfeln, Pastinaken schälen und ebenfalls würfeln. Pastinaken- und Schalottenwürfel mit zwei Esslöffeln Öl in einem Topf glasig andünsten.

2 Währenddessen die Hälfte der Schale von der Zitrone abschälen. Das Lorbeerblatt mit einer Schere mehrfach einschneiden.

3 Lorbeer, Zitronenschale, Brühe und Wermut zu den Pastinaken und der Schalotte geben und aufkochen. Die Milch dazugeben und bei geringer Hitze für 20 Minuten kochen lassen.

4 Währenddessen die Pistazienkerne herauslösen und grob hacken. Den Salat putzen, längs halbieren und in fünf Millimeter dicke Streifen schneiden. Die Jakobsmuscheln waagerecht halbieren. Muscheln und Salat kaltstellen.

5 Die Sahne steif schlagen und ebenfalls kaltstellen.

6 Nach der Kochzeit die Zitronenschale und das Lorbeerblatt entfernen. Die Suppe pürieren. Dann den geriebenen Parmesan unterrühren und schmelzen lassen. Mit Piment d'Espelette und Salz abschmecken. Bei geringer Hitze warmhalten.

7 Die Muscheln im restlichen Öl bei starker Hitze für 30 Sekunden anbraten und leicht salzen. Die Muscheln wenden und weitere 30 Sekunden anbraten. Mit den gehackten Pistazien bestreuen. Die Muscheln dann warmstellen.

8 Den Römersalat im Bratfett der Muscheln zwei Minuten bei starker Hitze anbraten.

9 Die Suppe unter Rühren aufkochen lassen und die Sahne hinein pürieren. Den Salat unterrühren. Die Suppe dann sofort mit den Muscheln servieren.

Hauptgerichte mit Fleisch

AGNEAU PRÉ-SALÉ

BRETONISCHES SALZLAMM

6 Port.

2 Std.

Schwer

Zutaten

1,8 kg Lammkeule mit Röhrenknochen und ohne Fett
1,5 kg weiße Bohnen
4 geviertelte Knoblauchzehen
175 g geschälte und gewürfelte Karotten
2 l Rinderbrühe
100 g Butter
300 ml Cidre
1 EL Crème fraîche
4 EL Öl
1 fein gewürfelte Knoblauchzehe
1 Thymianzweig
1 EL gehackte Petersilie
Salz, Pfeffer

Nährwerte p. P.

610 kcal
47 g Kohlenhydrate
23 g Fett
15 g Eiweiß

1 Die Bohnen über Nacht in der kalten Rinderbrühe einweichen lassen und am nächsten Tag in der Brühe für etwa 90 Minuten kochen lassen. In den letzten 15 Minuten die Karotten dazugeben. Wenn die Bohnen weich sind, die Brühe abgießen.

2 Den Backofen auf 230 Grad Ober- und Unterhitze vorheizen.

3 Nun die Lammkeule einstechen und mit dem Knoblauch bespicken. Das Fleisch mit Öl einreiben, salzen und pfeffern. Die Lammkeule in einen Bräter geben und in den Ofen schieben.

4 Nach ungefähr zehn Minuten Backzeit das Fleisch mit Cidre übergießen und für weitere zehn Minuten backen lassen. Dann das Fleisch wenden. Wieder nach zehn Minuten mit dem Cidre übergießen und weiter zehn Minuten backen lassen.

5 Nach 75 Minuten sollte das Fleisch durchgebacken sein. Für die letzten 15 Minuten den Thymian zu der Lammkeule geben.

6 Nach dem Backen den Bratensaft in eine Sauciere geben. Die Butter in einer Pfanne schmelzen lassen und darin den Knoblauch aus dem Fleisch und die fein gewürfelte Zehe anschwitzen. Bohnen, Crème fraîche und Petersilie hinzugeben und durchschwenken. Mit Pfeffer und Salz nachwürzen.

7 Lammkeule und Bohnen servieren.

GEFÜLLTE SCHWEINEFÜẞE

4 Port.

1,5 Std.

Mittel

Zutaten

2 Schweinsfüße
500 g gewolftes Schweinefleisch
100 g Speckwürfel
200 g Schinkenwürfel
2 Eier
1 Zwiebel
1 Knoblauchzehe
2 EL Schweineschmalz
1 Prise Salz
Pfeffer
1 TL Majoran

Nährwerte p. P.

586 kcal
3 g Kohlenhydrate
47 g Fett
37 g Eiweiß

1 Die Schweinefüße waschen, putzen und dann aushöhlen. Das daraus gewonnene Fleisch in Wasser weichkochen lassen, dann wolfen und mit dem restlichen gewolften Fleisch vermischen.

2 Die Zwiebel schälen und fein hacken. Mit einem Esslöffel Schmalz in einem Topf andünsten und zusammen mit Speck und Schinken zum Gewolften geben. Die Eier dazugeben und kräftig mit Majoran, Pfeffer, Salz und einer zerdrückten Knoblauchzehe würzen.

3 Die ausgehöhlten Schweinefüße mit der Masse füllen, mit einem Garn vorsichtig verschließen und mit dem restlichen Schweineschmalz von allen Seiten anbraten. Mit Wasser aufgießen und zugedeckt bei geringer Hitze für ungefähr eine Stunde gar dünsten lassen.

SÜẞE WACHTELN

4 Port.

40 Min.

Mittel

Zutaten

2 Wachteln
3 Äpfel
3 Süßkartoffeln
300 g Himbeeren
3 EL Butter
Cidre
Himbeeressig

Nährwerte p. P.

300 kcal
46 g Kohlenhydrate
9 g Fett
12 g Eiweiß

1 Die Wachteln halbieren, pfeffern und salzen. Die Süßkartoffeln in Salzwasser vorgaren, bis sie weich, aber noch bissfest sind.

2 Den Backofen auf 200 Grad Ober- und Unterhitze vorheizen.

3 Etwas Butter in eine kalte Pfanne schmieren, die Wachtelhälften dazugeben und bei mittlerer Hitze von beiden Seiten anbraten. Mit etwas Himbeeressig ablöschen und aus der Pfanne nehmen.

4 Die Äpfel in Spalten schneiden (nicht schälen!) und das Kerngehäuse entfernen.

5 Die Apfelscheiben in die Pfanne geben und von beiden Seiten anbraten. Auch mit Himbeeressig ablöschen.

6 Die Süßkartoffeln abschrecken, schälen und dann in Scheiben schneiden. Die Wachteln etwas zerkleinern.

7 Himbeeren, Wachteln, Äpfel und Süßkartoffelscheiben in kleine Auflaufformen legen und mit Cidre aufgießen.

8 Im Ofen für 20 Minuten backen lassen.

POT AU FEU

EINTOPF MIT SCHWEINEBAUCH

4 Port.

3 Std.

Leicht

Zutaten

1,5 kg Schweinebauch
3 Karotten
6 Knoblauchzehen
Je 2 Stangen Sellerie und Lauch
4 Schalotten
4 Kartoffeln
½ kleiner Wirsing
50 g frische Petersilie
3 Salbeiblätter
2 Lorbeerblätter
2 Salbeizweige
6 Thymianzweige
Je 1 Rosmarin- und Majoranzweig
3 l Wasser
2 EL Sonnenblumenöl
Salz, Pfeffer

Nährwerte p. P.

1694 kcal
33 g Kohlenhydrate
148 g Fett
62 g Eiweiß

1 Das Fleisch mit Pfeffer und Salz würzen, mit den Salbeiblättern belegen, fest aufrollen und mit Küchengarn verschnüren. Das aufgerollte Fleisch in dem Öl in einem großen Topf scharf anbraten.

2 Mit dem Wasser aufgießen, einen Teelöffel Salz dazugeben und aufkochen. Für eine Stunde köcheln lassen.

3 Währenddessen das Gemüse waschen, putzen und die Kräuter zu einem Strauß zusammenbinden.

4 Lauch und Sellerie in ungefähr sieben Zentimeter lange Stücke schneiden. Die Karotten schälen und vierteln.

5 Die Kartoffeln schälen und in große Würfel schneiden. Den Wirsing in vier bis sechs Spalten schneiden. Den Knoblauch schälen.

6 Nach Ende der Kochzeit des Fleisches die Karotten, Kräuter und den Knoblauch mit in den Topf geben. Für eine weiter halbe Stunde kochen lassen.

7 Nun die restlichen Zutaten (bis auf die Petersilie) hinzugeben und für eine weitere Stunde kochen lassen. Währenddessen die Petersilie waschen und hacken.

8 Das Fleisch aus der Suppe nehmen, das Garn entfernen und das Fleisch in Scheiben schneiden.

9 Die Suppe auf tiefen Tellern anrichten und das Fleisch mit hineingeben. Mit der Petersilie garnieren.

COQ AU CIDRE

HÄHNCHEN IN CIDRE

6 Port.

1,5 Std.

Leicht

Zutaten

4 Hähnchenkeulen
2 Hähnchenbrüste mit Knochen
5 Zwiebeln
2 Knoblauchzehen
4 Karotten
400 g Champignons
500 ml Cidre
1 Lorbeerblatt
6 Stiele Thymian
Salz, Pfeffer
Fett zum Braten
etwas Crème fraîche

Nährwerte p. P.

440 kcal
8 g Kohlenhydrate
20 g Fett
46 g Eiweiß

1 Den Backofen auf 200 Grad Umluft vorheizen.

2 Das Fleisch waschen, trocken tupfen und die Keulen im Gelenk halbieren. Die Brüste längs halbieren. Das Fleisch würzen und in einer gefetteten Pfanne im Ofen für ungefähr 20 Minuten braten.

3 Währenddessen Knoblauch und Zwiebeln schälen. Die Karotten schälen und klein schneiden. Die Pilze putzen und halbieren. Den Thymian waschen und zupfen. Zusammen mit dem Lorbeerblatt alles ums Fleisch herum verteilen und noch einmal würzen. Für ungefähr 40 Minuten weiterbraten.

4 Nach ungefähr zehn Minuten das Fleisch auf das Gemüse legen und den Cidre Stück für Stück darüber schütten. Alles zusammen bis zum Ende schmoren lassen.

5 Mit Crème fraîche anrichten.

POULET A LA BRETONNE

BRETONISCHES HÄHNCHEN

6 Port.

1,5 Std.

Leicht

Zutaten

2 Hähnchenkeulen
700 g Hähnchenbrust
7 Kartoffeln
150 g Speck
250 g Champignons
1 Zwiebel
150 ml Cidre
100 ml Geflügelfond
100 g gesalzene Butter
100 g Butter
100 g Crème fraîche
ein paar Thymianzweige
Salz, Pfeffer
Rosmarin
etwas Mehl

Nährwerte p. P.

531 kcal
32 g Kohlenhydrate
40 g Fett
11 g Eiweiß

1 Die Zwiebel schälen und fein hacken. Den Speck in kleine Streifen schneiden. Die Pilze vierteln. Die Kartoffeln schälen, halbieren und in gesalzener Butter mit Rosmarin an der Schnittstelle braten.

2 Dann so viel Geflügelfond aufgießen, bis die Kartoffeln fast bedeckt sind. Den Deckel auf die Pfanne legen und so lange kochen lassen, bis die Kartoffeln weich sind. Dann den Deckel von der Pfanne nehmen und die Brühe einreduzieren lassen.

3 Nun die Hähnchenteile an der Hautstelle salzen und einmehlen. Die Butter in einem Bräter erhitzen und die Hähnchenteile mit der Haut nach unten hineinlegen. Den Deckel auf den Bräter legen und für fünf Minuten scharf anbraten.

4 Nun die Fleischseite pfeffern und salzen und von dieser Seite kurz anbraten. Dann aus dem Bräter nehmen.

5 Zwiebel und Speck im Bräter anschwitzen. Die Pilze dazugeben und kurz mit anbraten. Mit Fond und Cidre ablöschen.

6 Thymian und das Fleisch mit der Haut nach oben hineinlegen. Den Deckel auf den Bräter legen und alles für 25 Minuten sanft köcheln lassen.

7 Die Hähnchenteile aus dem Bräter nehmen, Thymianzweige herausfischen und die Crème fraîche in die Soße rühren. Noch einmal abschmecken und aufkochen. Zusammen mit den Kartoffeln und dem Fleisch servieren.

KLASSISCHES CASSOULET

6 Port.

1 Std.

Leicht

Zutaten

200 g Speck
1 kg Kasseler
3 Karotten
1 Zwiebel
3 Selleriestangen
250 g weiße Bohnen
500 g geschälte Tomaten
100 ml Weißwein
1 Knoblauchzehe
100 g Semmelbrösel
6 EL Olivenöl
10 Thymianzweige
2 EL Butter
Je 1 Prise Salz und Pfeffer

Nährwerte p. P.

617 kcal
35 g Kohlenhydrate
38 g Fett
15 g Eiweiß

1 Den Backofen auf 200 Grad Umluft vorheizen.

2 Die Bohnen abgießen und abtropfen lassen. Karotten, Zwiebel und Sellerie waschen und in Scheiben schneiden. Den Kasseler in mundgerechte Stücke schneiden und den Speck in Scheiben.

3 Karotten und Bohnen in einen Topf mit Wasser geben und schmoren lassen, bis das Gemüse weich bis bissfest ist.

4 In einer Pfanne vier Esslöffel Olivenöl erhitzen und Speck, Zwiebel und Kasseler anbraten.

5 Das Gemüse abtropfen lassen und mit in die Pfanne geben. Kurz mit anbraten lassen.

6 Thymian und Tomaten währenddessen klein schneiden und dann mit in die Pfanne geben. Mit Weißwein ablöschen.

7 Mit Salz und Pfeffer würzen und die Pfanne für ungefähr 45 Minuten im Ofen schmoren lassen.

8 Die Knoblauchzehe hacken und mit der Butter und den Semmelbröseln vermengen. Währenddessen das Cassoulet aus dem Ofen abschmecken und bei Bedarf nachwürzen.

9 Das Knoblauch-Semmelbrösel-Gemisch auf dem Cassoulet verteilen und für weitere zehn Minuten goldbraun überbacken lassen.

Hauptspeisen mit Fisch & Meeresfrüchten

GALETTE MIT MEERESFRÜCHTEN

4 Port.

1 Std.

Mittel

Zutaten

250 g Buchweizenmehl
1 Zwiebel
200 g geschälte Tomaten aus der Dose, gehackt
600 g Meeresfrüchte nach Geschmack
200 ml Fischfond
100 ml Sahne
1 EL Mehl
1 EL Butter
500 ml Wasser
1 TL Salz
Thymianzweige
Pfeffer
Öl zum Braten

Nährwerte p. P.

550 kcal
46 g Kohlenhydrate
24 g Fett
34 g Eiweiß

1 Für den Galette-Teig das Buchweizenmehl, das Salz und das Wasser miteinander verrühren. Für eine halbe Stunde ruhen lassen.

2 Währenddessen die Zwiebel schälen und hacken. Die Thymianblätter von den Zweigen zupfen. Die Butter in einer Pfanne schmelzen lassen und Thymian und Zwiebel darin andünsten.

3 Den Esslöffel Mehl darüber verstreuen und einrühren. Bei geringer Hitze für fünf Minuten andünsten. Fischfond, Tomaten und die Sahne dazugeben und aufkochen lassen.

4 Währenddessen Meeresfrüchte in mundgerechte Stücke schneiden. Dann zur Soße geben.

5 Bei geringer Hitze für weitere zehn Minuten pochieren. Mit Pfeffer und Salz abschmecken.

6 Eine Pfanne mit Öl bepinseln. Eine kleine Kelle Teig hineingeben und schwenken, sodass ein dünner Fladen entsteht. Bei mittlerer Hitze beidseitig durchbacken. Mit dem restlichen Teig genauso verfahren.

7 Die Galette mit dem Ragout füllen und servieren.

JAKOBSMUSCHEL- UND SPECKSPIEßE

4 Port.

5 Min.

Leicht

Zutaten

16 dünne Scheiben geräucherter Speck
16 Jakobsmuscheln
10 g Butter
1 EL Öl
4 Holzspieße
Pfeffer

Nährwerte p. P.

136 kcal
1 g Kohlenhydrate
13 g Fett
6 g Eiweiß

1 Die Jakobsmuscheln abtupfen. Die Speckscheiben um jede Muschel wickeln und sie dann auf einen Holzspieß stecken.

2 Die Butter und das Öl in einer Pfanne erhitzen. Die Spieße für zwei bis drei Minuten von jeder Seite scharf anbraten.

3 Mit Pfeffer würzen. Die Jakobsmuscheln sollten innen noch glasig sein und der Speck knusprig.

GALETTES MIT JAKOBSMUSCHELN

6 Port. 30 Min. Mittel

Zutaten

250 g Buchweizenmehl
1 TL Salz
500 ml Wasser
15 Jakobsmuscheln
2 Knoblauchzehen
2 Tomaten
5 cl Calvados
Thymian, Rosmarin, Salbei
Salz, Pfeffer
Olivenöl

Nährwerte p. P.

135 kcal
18 g Kohlenhydrate
3 g Fett
4 g Eiweiß

1 Für den Galette-Teig das Buchweizenmehl, das Salz und das Wasser miteinander verrühren. Für eine halbe Stunde ruhen lassen.

2 Die Jakobsmuscheln reinigen. Dann mit etwas Olivenöl in einer Pfanne schmoren lassen. Währenddessen die Tomaten abkochen, abschrecken, häuten und zerdrücken.

3 Die nun leicht angebräunten Muscheln mit Calvados flambieren. Dann die zerdrückten Tomaten dazugeben. Mit Pfeffer und Salz abschmecken und mit den Kräutern würzen. Die Pfanne abdecken und bei kleiner Flamme garen lassen.

4 Währenddessen den Teig mit etwas Öl in eine Pfanne geben und dünne Galettes daraus braten.

5 Die Muscheln in die Galettes füllen und servieren.

AUSTERN UND JAKOBSMUSCHELN IN CHAMPAGNER

4 Port. 30 Min. Mittel

Zutaten

100 g Jakobsmuschel-fleisch
12 Austern
125 ml Sahne
125 ml Champagner
¼ Lauchstange
1 gehäutete und gewürfelte Tomate
50 g Champignons
1 EL Butter
etwas Mehl

Nährwerte p. P.

147 kcal
6 g Kohlenhydrate
10 g Fett
7 g Eiweiß

1 Die Austern öffnen, das Austernfleisch abtropfen lassen und dabei den Saft auffangen. Den Lauch waschen und fein würfeln.

2 Das Jakobsmuschelfleisch und die Austern zusammen mit dem Lauch in der Butter anbraten.

3 Mit Mehl bestäuben, verrühren und dann mit Champagner und Sahne ablöschen.

4 Die Champignons in dünne Scheiben schneiden und mit in die Pfanne geben. Mit Salz und Pfeffer würzen und die Tomate durchschwenken.

KLASSISCHE AUSTERN

2 Port.

10 Min.

Leicht

Zutaten

12 Austern
50 g Semmelbrösel
1 Frühlingszwiebel
1 Knoblauchzehe
50 g weiche Butter
ein paar Zweige Estragon
1 Stängel Dill
Salz, Pfeffer
einige Tropfen Tabasco

Nährwerte p. P.

303 kcal
10 g Kohlenhydrate
26 g Fett
6 g Eiweiß

1 Die Austern vorsichtig öffnen. Dann auf einer feuerfesten Form platzieren. Den Backofen auf 180 Grad Ober- und Unterhitze vorheizen.

2 Estragon-Blätter, Frühlingszwiebel, Knoblauch und Dill grob hacken und unter die weiche Butter rühren. Mit Tabasco, Pfeffer und Salz würzen und diese Kräuterbutter auf den Austern verteilen.

3 Mit den Semmelbröseln garnieren und in den Backofen schieben. Für zehn Minuten backen und dann servieren.

BRETONISCHER HUMMER MIT TAGLIATELLE

 2 Port.

 45 Min.

 Schwer

Zutaten

600 g TK-Hummer
150 g Schalotten
30 g Reis
1 l Geflügelbrühe
250 ml Sahne
200 g geriebener Parmesan
60 g Mehl
4 Eigelb
1 EL Olivenöl
20 g Grieß
4 Kerbelzweige
4 g Trüffel
1 EL Butter
3 Lorbeerblätter
Je 2 Thymian- und Rosmarinzweige

Nährwerte p. P.

895 kcal
51 g Kohlenhydrate
57 g Fett
38 g Eiweiß

1 Den Hummer auftauen. Für die Nudeln das Eigelb, Grieß und Mehl vermengen. Olivenöl hinzugeben und zu einem glatten Teig verkneten. Dünn ausrollen und feine Nudeln daraus herstellen.

2 Für den Parmesanschaum die Schalotten würfeln und zusammen mit dem Reis in Öl glasig anschwitzen lassen. Mit 500 ml Gemüsebrühe ablöschen und einkochen. Die Sahne hinzugeben und mit dem geriebenen Parmesan zusammen schaumig mixen. Dann durch ein feines Sieb passieren.

3 Den Schwanz des Hummers halbieren und den Darm entfernen. Die Scheren für zwei Minuten in Salzwasser auskochen und dann ausbrechen.

4 Die restliche Geflügelbrühe mit Rosmarin, Thymian und den Lorbeerblättern aufkochen lassen.

5 Den halbierten Schwanz über dem Dampf der Brühe gut gar dämpfen lassen. Für die letzten fünf Minuten die Scheren dazugeben.

6 Die Nudeln in Salzwasser al dente kochen und mit der Butter vermengen. Den Hummer darauf anrichten und mit dem Parmesanschaum toppen. Den Trüffel dünn darüber hobeln und mit dem Kerbel garnieren.

RAIE AU BEURRE NOIR

STECHROCHEN IN BRAUNER BUTTER

8 Port.

30 Min.

Mittel

Zutaten

2 kg Rochen
200 g gesalzene Butter
1 Karotte
1 Zwiebel
1 gehäutete und entkernte Tomate
2 Knoblauchzehen
1 Lauchstange
60 g Kapern
150 ml Essig
1 l Weißwein
3 l Wasser
9 g Salz
2 Gewürznelken
1 Bündel Kräuter (Lorbeerblatt, Petersilie, Thymian)
Pfeffer

Nährwerte p. P.

427 kcal
9 g Kohlenhydrate
27 g Fett
36 g Eiweiß

1 Wasser und Wein in einen großen Topf geben. Die Karotte in Scheiben schneiden und dazugeben. Die Zwiebel schälen, mit Gewürznelken spicken und ebenfalls dazugeben.

2 Den Knoblauch schälen und hacken, den weißen Teil des Lauch in Ringe schneiden und beides mit in den Topf geben. Die Tomate und das Kräuterbündel unterrühren. Das Ganze pfeffern, salzen, aufkochen und für zehn Minuten ziehen lassen.

3 Währenddessen den Rochen gut abspülen und abtrocknen. Dann in die Brühe legen und bei geringer Hitze für eine Viertelstunde gar ziehen lassen.

4 Den Rochen abtropfen lassen und etwa 5 cl Brühe aufbewahren. Die Haut abziehen und den Fisch auf einer Servierplatte warmstellen.

5 In einer Pfanne die gesalzene Butter schmelzen und bräunen. Wenn sie anfängt zu rauchen, vom Herd nehmen und langsam den Essig hinzugeben. Dann die Brühe und Kapern hinzufügen.

6 Die Soße noch einmal für zwei Minuten kochen lassen, dann abschmecken und über den Rochen gießen.

GALETTE DE LA MER

GALETTE „DES MEERES“

2 Port. 30 Min. Leicht

Zutaten

4 Buchweizengalette
4 Scheiben geräucherter Lachs
100 g Garnelen
2 Tomaten
½ Zitrone
8 EL Crème fraîche
Schnittlauch
Dill
Salz, Pfeffer

Nährwerte p. P.

601 kcal
28 g Kohlenhydrate
43 g Fett
23 g Eiweiß

1 Zuerst die Kräutercreme zubereiten: Dafür in einer kleinen Schüssel die Crème fraîche mit gehacktem Dill und Schnittlauch mischen. Mit Salz und Pfeffer würzen. Den Saft der halben Zitrone unterrühren und abschmecken.

2 Eine Pfanne erhitzen und die Buchweizengalette darin erhitzen. Eine Scheibe Lachs auf ein Galette legen und mit der Kräutercreme bestreichen. Einige Garnelen dazugeben und zwei dünne Tomatenscheiben darauflegen.

3 Die Galette zu einem Dreieck falten und bei mittlerer Hitze für drei bis vier Minuten anbraten, bis sie goldbraun ist.

ÜBERBACKENE BUTTERSARDINEN

2 Port.

25 Min.

Leicht

Zutaten

1 Dose Sardinen in Butter
400 g Kartoffelpüree
30 g Salicornes
30 g Semmelbrösel
50 g geriebener Emmentaler

Nährwerte p. P.

490 kcal
38 g Kohlenhydrate
30 g Fett
18 g Eiweiß

1 Den Ofen auf 180 Grad Ober- und Unterhitze vorheizen.

2 Das Kartoffelpüree auf zwei ofenfeste Schalen verteilen. Die Salicornes je nach Größe in Stücke schneiden.

3 Die geschlossene Sardinendose unter heißem Wasser erwärmen. Dann die Dose öffnen, die Sardinen entnehmen und auf dem Püree verteilen.

4 Mit Salicornes dekorieren und mit Semmelbröseln und Emmentaler bestreuen. Die flüssige Sardinenbutter darüber gießen und im Ofen überbacken.

POISSON GRILLÉ

GEGRILLTER FISCH

2 Port.

30 Min.

Leicht

Zutaten

2 Doraden (ohne Kopf und ausgenommen)
1 Zitrone
100 g Butter
Salz
Mehl
Olivenöl
Thymianzweige

Nährwerte p. P.

317 kcal
1 g Kohlenhydrate
26 g Fett
23 g Eiweiß

1 Die Doraden waschen und mit Küchenpapier abtupfen. Von innen und außen kräftig salzen und von außen mit Mehl bestäuben. Thymianzweige und Zitronenscheiben hineinlegen.

2 Den Grill auf zwei Drittel der Leistung vorheizen und mit Olivenöl einölen. Den Fisch für 12 bis 15 Minuten von beiden Seiten anbraten.

3 Währenddessen die Butter in einem kleinen Topf schmelzen lassen und entstehenden Schaum abschöpfen. Die Butter dabei nicht braun werden lassen.

4 Den Fisch vom Grill nehmen und mit der Butter übergießen.

SOLE MEUNIÈRE

SEEZUNGE AUF MÜLLERINNEN-ART

 2 Port.

 20 Min.

 Leicht

Zutaten

8 Seezungenfilets
3 EL gehackte Petersilie
2 Zitronenspalten
2 EL Butter
½ Zitrone, der Saft
1 EL Speisestärke
1 EL Olivenöl
1 TL Fleur de Sel
1 TL Pfeffer

Nährwerte p. P.

261 kcal
4 g Kohlenhydrate
11 g Fett
36 g Eiweiß

1 Die Fischfilets von beiden Seien mit Fleur de Sel und Pfeffer würzen und mit der Speisestärke bestäuben.

2 Das Olivenöl in einer Pfanne stark erhitzen. Die Fischfilets darin für zwei Minuten anbraten. Anschließend wenden, die Butter hinzufügen und aufschäumen lassen.Petersilie und Zitronensaft hinzugeben.

3 Den Fisch mit den Zitronenspalten anrichten und großzügig mit der Butter beträufeln.

Vegetarische Hauptgerichte

LAUCH-QUICHE

8 Port.

1 Std. 20 Min.

Mittel

Zutaten

190 g Weizenmehl
1 verquirltes Ei
110 g kalte Butter
½ TL Salz
250 g Lauch
1 EL Olivenöl
2 Eier
120 g geriebener Käse
180 ml Sahne
¼ TL Pfeffer
½ TL Salz
⅛ TL Muskat

Nährwerte p. P.

380 kcal
22 g Kohlenhydrate
27 g Fett
12 g Eiweiß

1 Das Mehl und den halben Teelöffel Salz miteinander vermengen. Die kalte Butter in kleinen Stücken dazugeben und zu einem Mürbeteig vermischen.

2 Das verquirlte Ei dazugeben und weiter verquirlen, bis alles zu einem gleichmäßigen Teig verklebt ist.

3 Den Teig mit den Händen zu einer Scheibe formen, in Folie einpacken und für eine halbe Stunde in den Kühlschrank stellen. Währenddessen den Ofen bei Umluft auf 200 Grad vorheizen.

4 Nach der halben Stunde den kalten Teig auf einer bemehlten Arbeitsfläche rund ausrollen und in eine Quiche-Form geben, andrücken und formen.

5 Nun in einer Pfanne das Olivenöl erhitzen. Den Lauch klein schneiden, waschen und für fünf Minuten andünsten.

6 Sahne, Eier, Pfeffer, Salz und Muskat in einer Schüssel verrühren. Käse und Lauch gleichmäßig auf dem Quiche-Teig verteilen und das Sahne-Ei-Gemisch darüber verteilen.

7 Im vorgeheizten Ofen für eine halbe Stunde goldbraun backen lassen.

GALETTES MIT ZIEGENKÄSE UND RADIESCHEN

 4 Port.  50 Min.  Leicht

Zutaten

100 g Buchweizenmehl
50 g Dinkelmehl
150 ml Milch
150 ml Wasser
2 Eier
4 TL Butter
5 TL geschmolzene Butter
300 g Ziegenkäse
1 Salatgurke
2 Bund Radieschen
1 Bund Frühlingszwiebeln
20 g Schnittlauch
20 g Sesam
2 EL Sesamöl
3 EL Sojasoße
2 EL Zitronensaft
Salz, Pfeffer

Nährwerte p. P.

604 kcal
39 g Kohlenhydrate
38 g Fett
26 g Eiweiß

1 Beide Mehle mit Milch, Wasser, flüssiger Butter und einem halben Teelöffel Salz zu einem Teig vermengen und für eine halbe Stunde ruhen lassen.

2 Währenddessen den Käse in Scheiben schneiden. Den Schnittlauch waschen und in feine Röllchen schneiden.

3 Den Backofen auf 180 Grad in der Grillfunktion vorheizen.

4 Die Gurke waschen, längs halbieren und entkernen. Die Gurke dann in Scheiben schneiden. Die Radieschen waschen und in Spalten schneiden. Die Frühlingszwiebeln waschen und in Röllchen schneiden. Alles mit Sesamöl, Zitronensaft und Sojasoße vermischen. Mit Pfeffer und Salz abschmecken.

5 In einer Pfanne einen Teelöffel Butter erhitzen. Mit einer Kelle ein Viertel des Teigs hineingeben und pro Seite goldbraun backen. Mit dem restlichen Teig genauso verfahren - es sollten vier Galettes rauskommen.

6 Jedes Galette mit Käse belegen, die Ränder zusammenklappen und mit Sesam bestreuen.

7 Die Galettes in den vorgeheizten Ofen geben und für drei bis fünf Minuten backen, bis der Käse zu schmelzen beginnt. Mit Salat anrichten und mit Schnittlauch bestreuen.

GALETTES MIT ZIEGENKÄSE UND BLATTSPINAT

4 Port.

45 Min.

Mittel

Zutaten

200 g Buchweizenmehl
500 g Blattspinat
1 Knoblauchzehe
1 Zwiebel
50 Parmesan
100 g Walnusskerne
25 g gesalzene Butter
300 g Ziegenfrischkäse
450 ml Wasser
1 TL Zitronensaft
1 TL Chiliflocken
1 Bund Schnittlauch
Öl zum Braten
Salz, Pfeffer

Nährwerte p. P.

664 kcal
47 g Kohlenhydrate
45 g Fett
19 g Eiweiß

1 Das Mehl mit einem halben Teelöffel Salz und 450 ml kaltem Wasser zu einem Teig verrühren und für eine halbe Stunde quellen lassen.

2 Währenddessen den Spinat waschen und abtropfen lassen. Knoblauch und Zwiebel schälen und fein hacken. Die Walnusskerne auch hacken. Den Parmesan reiben.

3 Den Teig in der Butter zu acht dünnen Pfannkuchen ausbacken und im Ofen bei niedriger Temperatur warmhalten.

4 Für die Füllung Knoblauch und Zwiebel in etwas Öl anbraten. Wenn die Zwiebeln glasig sind, den Spinat hinzugeben. Mit Zitronensaft, Pfeffer und Salz würzen. Den Ziegenfrischkäse, die Walnusskerne und die Hälfte des Parmesans unterheben.

5 Die Galettes mit jeweils drei Esslöffeln der Füllung mittig belegen, dann die Ränder seitlich zur Mitte einschlagen.

6 Den Schnittlauch waschen und klein schneiden. Auf den Galettes verteilen. Chiliflocken und übrigen Parmesan verstreuen und servieren.

FAR BRETON

BRETONISCHER PFLAUMENAUFLAUF

6 Port.

1 Std.

Leicht

Zutaten

150 g Backpflaumen
4 Eier
110 g Zucker
110 g Mehl
200 ml Sahne
200 ml Milch
30 g Butter
4 EL Rum
4 EL Tee
Salz

Nährwerte p. P.

523 kcal
51 g Kohlenhydrate
31 g Fett
8 g Eiweiß

1 Die Pflaumen in Rum und Tee für drei Stunden einweichen. Währenddessen den Ofen auf 180 Grad Ober- und Unterhitze vorheizen.

2 In einer Schüssel mit einem Schneebesen die Eier, den Zucker und eine Prise Salz für zwei bis drei Minuten schlagen. Dann die Milch und das Mehl hinzugeben. Langsam die Sahne unterrühren. Die Pflaumen abgießen.

3 Den Teig in eine Springform füllen und die Pflaumen darin verteilen. Das Ganze für 35 bis 40 Minuten backen.

KARTOFFELGRATIN

4 Port.

1 Std.

Leicht

Zutaten

800 g Kartoffeln
250 g Schmand
150 ml Milch
160 g geriebener Gouda
1 Zwiebel
2 TL Gemüsebrühe
Muskatnuss
Salz, Pfeffer

Nährwerte p. P.

436 kcal
35 g Kohlenhydrate
30 g Fett
11 g Eiweiß

1 Den Ofen auf 180 Grad Ober- und Unterhitze vorheizen.

2 Die Kartoffeln schälen und in dünne Scheiben hobeln oder schneiden. Die Zwiebel schälen und in kleine Würfel schneiden. Zwiebel und Kartoffeln fächerartig in einer Auflaufform schichten.

3 Milch, Schmand, Käse, Gemüsebrühe und Gewürze vermengen und über die geschichteten Kartoffeln gießen.

4 Das Gratin für 45 bis 50 Minuten backen.

RATATOUILLE BRETONNE

BRETONISCHES RATATOUILLE

4 Port.

1,5 Std.

Leicht

Zutaten

2 Zucchini
4 große Tomaten
1 Aubergine
1 EL Balsamico-Essig
1 EL gehackte Kräuter
2 EL Olivenöl
Chilipulver
Salz, Pfeffer

Nährwerte p. P.

95 kcal
10 g Kohlenhydrate
6 g Fett
2 g Eiweiß

1 Den Backofen auf 160 Grad Ober- und Unterhitze vorheizen.

2 Währenddessen Aubergine, Zucchini und Tomaten in zwei bis drei Millimeter dicke Scheiben schneiden.

3 Erst die Auberginen, dann Tomaten, dann wieder Auberginen und zum Schluss die Zucchini in vier kleine Auflaufformen schichten.

4 Mit Pfeffer und Salz würzen und mit Alufolie abdecken. Für 80 Minuten backen. Nach etwa 50 Minuten die Alufolie entfernen.

5 Währenddessen die Vinaigrette anmischen: Dafür Olivenöl, Essig und Kräuter vermischen. Mit Salz, Pfeffer und Chilipulver abschmecken.

6 Ratatouille anrichten und mit der Vinaigrette beträufeln.

VEGETARISCHE PISSALADIÈRE

 4 Port.  1,5 Std. Leicht

Zutaten

1 kg Zwiebeln
12 entkernte schwarze Oliven
1 Blätterteigrolle
1 EL Honig
1 EL Zucker
4 TL Olivenöl
100 ml heißes Wasser
Salz, Pfeffer
1 Prise Safranfäden

Nährwerte p. P.

393 kcal
50 g Kohlenhydrate
19 g Fett
4 g Eiweiß

1 Die Safranfäden in 100 ml heißes Wasser einlegen.

2 Die Zwiebeln schälen und in Hälften schneiden. Dann in Scheiben schneiden. Die Zwiebeln in einem Topf mit dem Öl, Honig und Zucker anbraten. Dabei immerzu rühren. Mit Pfeffer und Salz würzen.

3 Für eine halbe Stunde bei geringer Hitze karamellisieren lassen. Den Safran dazugeben, mit Wasser ablöschen, für zehn Minuten köcheln lassen und die Flüssigkeit reduzieren lassen.

4 Währenddessen den Ofen auf 225 Grad Umluft vorheizen. Die Zwiebeln dann vom Herd nehmen.

5 Den Blätterteig in einer Tarte-Form ausrollen. Den Boden mit einer Gabel einpiksen.

6 Die karamellisierten Zwiebeln auf dem Teig verteilen, dabei nicht so viel von der überflüssigen Flüssigkeit mit in die Form geben.

7 Die Oliven auf den Zwiebeln verteilen und für zwanzig Minuten goldbraun backen lassen.

Vegane Hauptgerichte

VEGANER ZWIEBELKUCHEN

8 Port.

1 Std.

Mittel

Zutaten

250 g Weizenmehl
½ Packung Trockenhefe
½ TL Zucker
1 TL Salz
2 EL Öl
160 ml Wasser
700 g weiße Zwiebeln
175 g Räuchertofu
200 ml vegane Sahne
2 EL Öl
125 g Creme Vega
100 g veganer Reibekäse
Je ½ TL Salz und Pfeffer

Nährwerte p. P.

295 kcal
36 g Kohlenhydrate
13 g Fett
8 g Eiweiß

1 Trockenhefe, Mehl, einen Teelöffel Salz und Zucker in eine Schüssel geben, vermischen und in der Mitte eine Kuhle bilden.

2 Öl und Wasser in die Kuhle gießen und alles erst mit einem Holzlöffel vermengen und dann für fünf bis acht Minuten mit einer Rührmaschine zu einem geschmeidigen Teig verkneten. Mit einem Tuch abdecken und für 30 bis 45 Minuten an einem warmen Ort aufgehen lassen.

3 Währenddessen die weißen Zwiebeln schälen und in feine Ringe schneiden. Dann einen Esslöffel Öl in einer Pfanne erhitzen. Die Zwiebeln für fünf bis acht Minuten glasig andünsten und mit Pfeffer und Salz würzen.

4 In der Zwischenzeit den Räuchertofu fein würfeln und im restlichen Öl goldbraun anbraten.

5 Die Tofuwürfel unter die Zwiebeln mischen und dann den Herd ausschalten. Die Creme Vega, Sahne und den Käse hinzugeben, vermischen und abschmecken.

6 Nun den Ofen auf 180 Grad Ober- und Unterhitze vorheizen. Eine Springform einfetten und den Boden mit Backpapier auslegen.

7 Den Hefeteig zu einem Kreis ausrollen oder ziehen. Dann in die Springform geben und anpassen. Die Zwiebelfüllung auf den Teig geben und verteilen.

8 Im vorgeheizten Ofen für ungefähr 35 Minuten packen lassen.

GEMÜSERAGOUT

6 Port.

40 Min.

Leicht

Zutaten

200 g Möhren
300 g Zwiebeln
200 g Champignons
200 g Sellerie
200 g Austernpilze
300 g Zucchini
3 Knoblauchzehen
7 getrocknete Tomaten
1 Packung Räuchertofu
1 TL getrocknete Pilze, gemahlen
2 Rosmarinzweige
Gewürzbeutel mit 3 Nelken, 3 Wacholderbeeren, 2 Lorbeerblätter
2 - 3 EL Sojasoße
500 ml Rotwein
2 EL Tomatenmark
100 g Gemüsepaste
Marinade (2 EL Tamari, 2 EL Olivenöl, 1 EL Ahornsirup)
1 EL Sesamsamen
½ TL Kreuzkümmel
1 TL Paprika
1 TL Rauchpaprika
1 TL Thymian
1 TL Majoran
Pfeffer
Öl zum Braten
etwas Mehl

Nährwerte p. P.

313 kcal
32 g Kohlenhydrate
15 g Fett
16 g Eiweiß

1 Das Gemüse putzen. Zwiebeln in Ringe schneiden, Möhren in Scheiben schneiden, Sellerie würfeln, Champignons in dicke Scheiben schneiden, Austernpilze zupfen, Zucchini würfeln, Knoblauch hacken und getrocknete Tomaten in feine Streifen schneiden.

2 Etwa vier Esslöffel Mehl in einem Bräter erhitzen. Zwiebeln, Sellerie und Möhren anrösten.

3 Mit etwa 150 ml des Rotweins ablöschen und die Austernpilze hinzugeben. Die Flüssigkeit verkochen lassen.

4 Gemüsepaste und Tomatenmark dazugeben, verrühren und zusammen anrösten.

5 Mit weiteren 150 ml Rotwein ablöschen und mit der Sojasoße abschmecken. Den Gewürzbeutel hinzugeben.

6 Für fünf bis zehn Minuten köcheln lassen, dann die Zucchiniwürfel dazugeben, Gewürze und Sesamsamen dazugeben und für weitere zehn Minuten köcheln lassen.

7 Während die Suppe kocht, den Tofu in Scheiben schneiden und in etwas Öl knusprig braten. Mit der Marinade ablöschen.

8 Bei Bedarf das Ragout mit etwas Mehl abbinden. Mit dem Tofu servieren. Mit Salz und Pfeffer abschmecken.

KOUIGN PATATEZ VEGAN

VEGANER BRETONISCHER KARTOFFELKUCHEN

6 Port.

1 Std. 10 Min.

Leicht

Zutaten

220 g gesalzene vegane Butter
800 g Kartoffeln
180 g Mehl
Salz, Pfeffer

Nährwerte p. P.

487 kcal
60 g Kohlenhydrate
24 g Fett
4 g Eiweiß

1 Den Ofen auf 180 Grad Ober- und Unterhitze vorheizen.

2 Währenddessen die Kartoffeln schälen und für 25 Minuten in Salzwasser kochen lassen. Dann pürieren.

3 Die Butter zerlassen und bis auf ungefähr 10 g mit dem Püree, Mehl und Salz und Pfeffer vermengen.

4 Mit etwas gesalzener Butter eine Auflaufform einfetten. Die Kartoffelmischung in die Form schütten und die Oberfläche glattstreichen.

5 Die restliche zerlassene Butter auf dem Kuchen verteilen und für 35 Minuten backen lassen.

GEFÜLLTES UND ÜBERBACKENES GEMÜSE

4 Port.

30 Min.

Mittel

Zutaten

50 g veganer Reibekäse
275 g veganer Frischkäse
2 rote Zwiebeln
2 Zucchini
2 Paprika
1 Bündel Petersilie
2 EL Olivenöl
10 g Grieß
Salz, Pfeffer

Nährwerte p. P.

285 kcal
21 g Kohlenhydrate
21 g Fett
6 g Eiweiß

1 Den Ofen auf 200 Grad Ober- und Unterhitze vorheizen.

2 Das Gemüse waschen und etwa drei Viertel der Höhe abschneiden. Zucchini und rote Zwiebeln mit einem Löffel aushöhlen. Die Paprika entkernen.

3 Das Fruchtfleisch von Zwiebeln und Zucchini in einem Mixer pürieren und zur Seite stellen.

4 In einem großen Topf Salzwasser aufkochen und das Gemüse mit den Deckeln für vier Minuten lang darin köcheln lassen. Abtropfen lassen und in eine Auflaufform legen.

5 Grieß, Pfeffer, Salz, Frischkäse und Fruchtfleisch miteinander vermengen. Das Gemüse mit der Füllung füllen und mit dem Olivenöl beträufeln. Den Reibekäse darauf verteilen und mit den Deckeln bedecken.

6 Für 25 bis 30 Minuten lang backen lassen.

POMMES DE TERRE RÔTIES AU FOUR

IM OFEN GERÖSTETE KARTOFFELN

 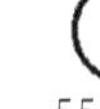  

4 Port. 55 Min. Leicht

Zutaten

500 g Kartoffeln
2 Rosmarinzweige
Salz, Pfeffer
etwas Olivenöl

Nährwerte p. P.

125 kcal
30 g Kohlenhydrate
1 g Fett
3 g Eiweiß

1 Den Ofen auf 180 Grad Ober- und Unterhitze vorheizen.

2 Die Kartoffeln putzen und halbieren oder vierteln. Auf einem Backblech verteilen und mit Öl beträufeln. Anschließend salzen und pfeffern.

3 Die Rosmarinzweige zerkleinern und auf den Kartoffeln verteilen. Im Ofen für 45 Minuten backen lassen.

VEGANE GALETTE MIT TOMATEN

4 Port.

1 Std.
10 Min.

Mittel

Zutaten

300 g Dinkelmehl
150 g Margarine
4 EL Haferdrink
120 ml Wasser
½ TL Salz
700 g Tomaten
200 g Kichererbsen
2 Knoblauchzehen
80 g Babyspinat
½ Zitrone
3 Stiele Petersilie
6 Basilikumblätter
30 g Pinienkerne
4 Rosmarinzweige
½ TL Chiliflocken
4 EL Olivenöl
1 TL Ahornsirup
Salz, Pfeffer

Nährwerte p. P.

879 kcal
102 g Kohlenhydrate
48 g Fett
19 g Eiweiß

1 Für den Galette-Teig Mehl, den halben Teelöffel Salz und gewürfelte Margarine vermischen. Mit Wasser und Haferdrink zu einem Teig verkneten. Für eine Stunde im Kühlschrank ruhen lassen.

2 Währenddessen die Tomaten in Scheiben schneiden. Den Knoblauch hacken. Die Kichererbsen abgießen, die Flüssigkeit aber auffangen. Petersilie und Spinat waschen und trocknen.

3 ie Kichererbsen mit fünf Esslöffeln des Kichererbsenwassers, Spinat, Petersilie, Knoblauch, Ahornsirup, Basilikumblätter und Chiliflocken pürieren. Mit Salz und Pfeffer abschmecken.

4 Den Backofen auf 300 Grad Ober- und Unterhitze vorheizen.

5 Währenddessen den Teig auf einem Backpapier rund ausrollen. Den pürierten Spinat-Hummus auf dem Teig verstreichen und die Tomaten darauf verteilen. Nun mit etwas Öl beträufeln. Den Teigrand umklappen.

6 Das Galette für 30 bis 35 Minuten backen lassen. Nach der Hälfte der Zeit die Pinienkerne darauf verteilen, damit sie nicht zu dunkel werden.

7 Die Galette aus dem Ofen nehmen und mit Rosmarin garnieren.

VEGANE LAUCH-BROKKOLI-GALETTE

 4 Port.  55 Min.  Mittel

Zutaten

300 g Dinkelmehl
150 g kalte vegane Butter
½ TL Salz
5 EL Haferdrink
125 ml kaltes Wasser
150 g Champignons
150 g Lauch
2 EL Olivenöl
200 g Brokkoli
50 g veganer Reibekäse
4 Zweige Thymian
Salz, Pfeffer

Nährwerte p. P.

879 kcal
102 g Kohlenhydrate
48 g Fett
19 g Eiweiß

1 Salz und Mehl in eine Rührschüssel geben. Die kalte Butter würfeln und mit dem Mehl und Salz zu einem Teig vermengen. Wasser und drei Esslöffel Hafermilch Stück für Stück dazugeben und alles vermengen. Den Teig für eine Viertelstunde im Kühlschrank kaltstellen.

2 Währenddessen den Ofen auf 200 Grad Ober- und Unterhitze vorheizen. Den Lauch in Streifen und die Champignons in Scheiben schneiden.

3 Das Olivenöl in einer Pfanne erhitzen und die Champignons für sechs Minuten darin anbraten. Dann den Lauch dazugeben und für vier Minuten weiter anbraten lassen. Mit Pfeffer und Salz würzen.

4 Den Brokkoli in Röschen schneiden und für drei Minuten in Salzwasser blanchieren. Dann kalt abschrecken.

5 Den Teig auf einem Backpapier mit einem Nudelholz ausrollen. Die Champignon-Lauch-Füllung gleichmäßig auf dem Teig verteilen und mit Thymian toppen.

6 Den Brokkoli regelmäßig darauf verteilen und den veganen Reibekäse darüber verstreuen.

7 Den Rand mit der übrigen Hafermilch bepinseln. Für 40 bis 45 Minuten backen lassen.

Fingerfood und Snacks

QUICHE MIT SALICORNE

4 Port.

2 Std. 10 Min.

Leicht

Zutaten

300 g Mehl
2 Eigelb
150 g kalte Butter
2 - 3 EL Wasser
1 TL Salz
Butter für die Form
150 ml Milch
300 g Salicorne
150 g Ziegenfrischkäse
2 Tomaten
2 Eier
100 g gewürfelter Schinkenspeck
Salz, Pfeffer

Nährwerte p. P.

593 kcal
53 g Kohlenhydrate
34 g Fett
18 g Eiweiß

1 Die kalte Butter würfeln und mit dem Mehl und einem Teelöffel Salz zu einem krümeligen Teig verkneten.

2 Das Wasser und Eigelbe zum Teig hinzufügen und alles zu einer geschmeidigen Masse vermengen. Den Teig in Frischhaltefolie einwickeln und für eine Stunde im Kühlschrank ruhen lassen.

3 Währenddessen den Backofen auf 200 Grad Ober- und Unterhitze vorheizen. Dann den Teig aus dem Kühlschrank nehmen und je nach Quiche-Form rund oder eckig ausrollen. Dann die Quiche-Form einfetten und den Teig hineingeben. Gut andrücken und mit einer Gabel mehrfach einstechen.

4 Mit Backpapier bedecken und im Ofen für 15 Minuten backen. Dann das Backpapier entfernen und für weitere fünf Minuten backen lassen.

5 Während der Teig im Ofen ist, bereiten Sie die Füllung zu. Dafür die Tomaten kurz in kochendes Wasser geben, dann abschrecken und die Haut abziehen. Das Fruchtfleisch würfeln. Salicorne unter fließendem Wasser gut abspülen.

6 Milch und Ziegenfrischkäse pürieren und die Eier unterheben. Schinkenwürfel und zwei Drittel der Salicorne in die Masse geben und mit Salz und Pfeffer abschmecken.

7 Die Füllung auf dem Quiche-Boden verteilen und anschließend die Tomatenwürfel darauf verteilen. Für 25 Minuten backen lassen. Dann die restlichen Salicorne darauf verteilen und für fünf Minuten weiter backen lassen.

ROGNONS DE VEAU SAUCE MOUTARDE

KALBSNIEREN IN SENFSOSSE

4 Port.

20 Min.

Leicht

Zutaten

150 g Kalbsnieren
100 g Crème fraîche
400 ml Wasser
200 ml Weißwein
30 g Butter
1 EL Öl
2 EL Senf
Salz, Pfeffer

Nährwerte p. P.

307 kcal
5 g Kohlenhydrate
24 g Fett
7 g Eiweiß

1 Bitten Sie den Metzger, die Nieren zu säubern und zu entfetten. Die Nieren in Öl anbraten, ohne dass sie braun werden.

2 Sobald die Oberfläche gegart ist, die Nieren mit 200 ml Wasser und Weißwein ablöschen. Für zehn Minuten bei schwacher Hitze köcheln lassen. Danach die Nieren aus der Flüssigkeit herausnehmen und auf zwei flache Teller legen.

3 Für die Soße die übriggebliebene Flüssigkeit erhitzen und das restliche Wasser hinzufügen. Crème fraîche und Senf hinzufügen, kräftig umrühren und würzen.

4 Die Nieren in Scheiben schneiden und mit der Soße anrichten.

HUÎTRES GRATINÉES

ÜBERBACKENE AUSTERN

 6 Port.

 20 Min.

 Leicht

Zutaten

3 kg Austern
2 Stangen Lauch
3 Schalotten
100 g Crème fraîche
5 cl Weißwein
1 kg grobes Meersalz
Semmelbrösel
25 g Butter
1 Packung geriebener Käse
Salz, Pfeffer

Nährwerte p. P.

305 kcal
19 g Kohlenhydrate
17 g Fett
18 g Eiweiß

1 Das Salz auf einem Backblech verteilen.

2 Die Austern abbürsten und öffnen. Das in den Austern enthaltene Wasser in einer Schüssel auffangen. Das Fleisch sauber aus den Muscheln lösen und kaltstellen. Die Austernschalen auf dem Backblech anrichten.

3 Den Ofen auf 200 Grad Ober- und Unterhitze vorheizen.

4 Währenddessen den Lauch waschen und in feine Stücke schneiden. Die Schalotten ebenfalls in feine Stücke schneiden.

5 In einer großen Pfanne die Butter schmelzen lassen und darin Zwiebeln und Lauch anschmoren.

6 Pfeffer und Salz hinzugeben und mit dem Wein ablöschen. Crème fraîche unterrühren. Für fünf Minuten köcheln lassen. Dann nach und nach das Austernwasser eingießen und unterrühren.

7 Für etwa 30 Sekunden das Austernfleisch in der Soße ziehen lassen.

8 Die Pfanne vom Herd nehmen und die Austern wieder in ihre Schalen geben. Die Soße mit einem Löffel auf die Austern aufteilen. Einige Semmelbrösel darüber streuen.

9 Den Käse auf den Austern verteilen und im vorgeheizten Ofen für zehn Minuten backen lassen.

SAINT-JACQUES AU BEURRE BLANC

JAKOBSMUSCHELN IN BUTTER-WEIN-SOẞE

4 Port.

20 Min.

Leicht

Zutaten

16 Jakobsmuscheln
130 g Butter
3 Schalotten
5 cl Essig
5 cl Weißwein
Salz, Pfeffer

Nährwerte p. P.

488 kcal
5 g Kohlenhydrate
50 g Fett
11 g Eiweiß

1 100 g der Butter in kleine Stücke schneiden.

2 Die Schalotten schälen und hacken. Anschließend in einen Topf geben und andünsten. Mit Essig und Weißwein ablöschen, zum Aufkochen bringen und verdampfen lassen.

3 Dann nach und nach die 100 g Butter hinzufügen und bei schwacher Hitze unterrühren. So lange rühren, bis die Soße cremig ist. Mit Salz und Pfeffer abschmecken.

4 15 g Butter in einer neuen Panne schmelzen lassen. Die Jakobsmuscheln hinzugeben, sobald die Butter schäumt. Die restliche Butter hinzufügen und die Muscheln von jeder Seite für eine Minute braten lassen und abschmecken.

5 Die Jakobsmuscheln mit der Soße anrichten.

GÂTEAU BRETON

BRETONISCHER KUCHEN

12 Port.

1 Std. 45 Min.

Leicht

Zutaten

500 g Weizenmehl
350 g gesalzene Butter
350 g Zucker
9 Eigelbe
Butter für die Form

Nährwerte p. P.

537 kcal
61 g Kohlenhydrate
30 g Fett
7 g Eiweiß

1 Zucker und Mehl in eine große Schüssel geben. Die Butter würfeln und nach und nach hinzufügen und mit den Knethaken eines Rührgeräts verkneten. Auch nach und nach acht Eigelbe hinzufügen. Den Teig luftdicht verpacken und für eine halbe Stunde kaltstellen.

2 Den Backofen auf 180 Grad Ober- und Unterhitze vorheizen.

3 Die Springform mit etwas Butter einfetten und einmehlen. Nun den Teig in die Springform geben und andrücken. Den Kuchen mit dem letzten Eigelb bepinseln.

4 Für 35 bis 40 Minuten backen lassen.

LACHSPASTETEN

4 Port.

25 Min.

Leicht

Zutaten

8 „Vol au vent"-Teigschalen
400 g Lachsfilet
400 g Stangensellerie
1 Schalotte
1 TL Salz
1 EL Butter
150 ml Weißwein
200 ml Sahne
Pfeffer

Nährwerte p. P.

713 kcal
27 g Kohlenhydrate
54 g Fett
25 g Eiweiß

1 Die Vol-au-vents nach Packungsanweisung im Backofen backen.

2 Währenddessen den Lachs in kleine Würfel schneiden und die Schalotte schälen und hacken. Den Sellerie in dünne Scheiben schneiden.

3 Die Butter in einer Pfanne erhitzen und darin die Lachswürfel für etwa zwei Minuten anbraten. Dann Sellerie und Schalotte für etwa drei Minuten hinzugeben und pfeffern und salzen.

4 Mit dem Wein ablöschen und aufkochen. Dann die Hitze reduzieren und für fünf Minuten weiter köcheln lassen.

5 Die Sahne leicht aufschlagen und in die Pfanne geben. Die Füllung in die Teigschalen geben und servieren.

FOUGASSE

3 Port.

2 Std.

Mittel

Zutaten

500 g Mehl
1 Würfel frische Hefe
300 ml lauwarmes Wasser
60 ml Olivenöl
3 EL Honig
1 EL Salz
Meersalz

Nährwerte p. P.

545 kcal
89 g Kohlenhydrate
16 g Fett
11 g Eiweiß

1 Die Hefe in lauwarmem Wasser auflösen. Den Honig und 50 ml Öl hinzufügen.

2 Die Mischung in das Mehl eingießen und mit den Händen zu einem Teig verkneten.

3 Einen Esslöffel Salz hinzugeben und noch einmal gründlich verkneten.

4 Den Teig in drei Kugeln teilen und für eine Stunde an einem warmen Platz gehen lassen.

5 Nach der Ruhezeit den Teig zu einem Oval ausbreiten. Mit einem Messer ungefähr fünf Zentimeter lange Schnitte darüber verteilen und mit den Fingern ausbreiten.

6 Den Teig auf ein Backpapier legen und für eine weitere halbe Stunde gehen lassen.

7 Währenddessen den Ofen auf 250 Grad Ober- und Unterhitze vorheizen.

8 Nach der Ruhezeit die Fougasse mit dem restlichen Olivenöl bepinseln und mit Meersalz bestreuen. Für 15 Minuten backen lassen.

Desserts

TARTE TATIN

APFELTART

 12 Port.  1 Std.  Mittel

Zutaten

60 g Puderzucker
200 g Mehl
100 g kalte Butter
1 Ei
1 Prise Salz
2 EL Zitronensaft
1 TL Zitronenabrieb
750 g Äpfel
125 g Puderzucker
125 g Butter
4 EL Wasser

Nährwerte p. P.

437 kcal
57 g Kohlenhydrate
23 g Fett
4 g Eiweiß

1 Für den Tarte-Teig das Mehl mit den 60 g Puderzucker mischen. Salz und Zitronenabrieb hinzufügen. Die kalte Butter in Stücke schneiden und alles zu einem krümeligen Teig verkneten.

2 Zuletzt das Ei unterkneten. Mit Folie abdecken und eine halbe Stunde ruhen lassen.

3 Währenddessen die Äpfel schälen, entkernen und in Spalten schneiden. Mit etwas Zitronensaft beträufeln.

4 Den Backofen auf 180 Grad Ober- und Unterhitze vorheizen.

5 In einer Pfanne den restlichen Puderzucker mit Wasser zum Köcheln bringen, das Wasser einreduzieren und karamellisieren lassen. Die restliche Butter in Stücke schneiden und im Karamell schmelzen lassen.

6 Die Apfelspalten spiralförmig in die Pfanne legen, bis der Boden der Pfanne komplett bedeckt ist. Den Mürbeteig ausrollen und über die Apfelspalten legen.

7 Den Teig mit einer Gabel mehrmals einstechen und für 40 Minuten backen lassen. Nach dem Backen für zehn Minuten abkühlen lassen und dann vorsichtig stürzen.

ÎLE FLOTTANTE

SCHWIMMENDE INSEL

4 Port.

50 Min.

Leicht

Zutaten

750 ml Milch
1 Vanilleschote
250 ml Schlagsahne
110 g Vollrohrzucker
5 Eigelb
4 Eiweiß
2 EL geröstete Mandelblättchen
1 TL Zitronensaft

Nährwerte p. P.

330 kcal
25 g Kohlenhydrate
23 g Fett
7 g Eiweiß

1 250 ml Milch und die Sahne in einen Topf geben. Die Vanilleschote halbieren und das Mark zu der Milch geben, verrühren und aufkochen lassen. Dann sofort von der Herdplatte nehmen und abkühlen lassen.

2 Die Eigelbe mit 90 g Zucker in einer Schüssel cremig schlagen. Die Milch-Sahne langsam dazugeben und bei kleiner Hitze zu einer geschmeidigen Soße aufschlagen lassen - dabei nicht kochen!

3 Die Soße in eine Sauciere füllen und abkühlen lassen. Die Oberfläche dabei mit einer dünnen Schicht Zucker bestreuen, damit sich keine Haut bildet.

4 Nun das Eiweiß mit dem Zitronensaft steif schlagen und den restlichen Zucker dazugeben.

5 Die restliche Milch unter Rühren aufkochen. Mit zwei Suppenlöffeln vom Eischnee Nocken abstechen und in die heiße, aber nicht mehr kochende Milch geben.

6 Von jeder Seite für drei Minuten ziehen lassen und dann vorsichtig herausnehmen.

7 Die Vanillesoße in Schüsseln verteilen, die Schnee-Eier daraufsetzen und mit den Mandelblättchen garnieren.

PALETS BRETONS

BRETONISCHE PLÄTZCHEN

5 Port. 1,5 Std. Leicht

Zutaten

175 g Mehl
125 g gesalzene Butter
125 g Puderzucker
60 g Eigelb
8 g Backpulver
1 Prise Salz
25 hohe Metallausstecher mit ca. 5 cm Durchmesser

Nährwerte p. P.

655 kcal
57 g Kohlenhydrate
44 g Fett
5 g Eiweiß

1 Zucker und Eigelb zusammen aufschlagen. Das Salz hinzugeben und dann die Butter mit weich aufschlagen.

2 Zuletzt Backpulver und Mehl unterkneten, sodass ein homogener Teig entsteht.

3 Den Teig auf Backpapier ausstreichen und für eine Stunde im Kühlschrank kühl werden lassen.

4 Währenddessen den Backofen auf 175 Grad Ober- und Unterhitze vorheizen. Ein Backblech einfetten.

5 Den Teig gleichmäßig auf sieben Millimeter Dicke ausrollen. Mit einem runden Metallausstecher Plätzchen ausstechen und zusammen mit dem Ausstecher auf das Backblech legen.

6 Für 15 min backen lassen, dann abkühlen lassen und vorsichtig aus den Ausstechern lösen.

GÂTEAU NANTAIS

KUCHEN AUS NANTES

12 Port.

1,5 Std.

Leicht

Zutaten

150 g Zucker
125 g gesalzene Butter
40 g Mehl
100 g Mandelpulver
30 ml Rum
3 Eier
100 g Puderzucker
20 ml Rum

Nährwerte p. P.

690 kcal
65 g Kohlenhydrate
40 g Fett
9 g Eiweiß

1 Den Ofen auf 180 Grad Ober- und Unterhitze vorheizen.

2 Die weiche Butter mit dem Zucker vermischen. Das Mandelpulver hinzugeben und verrühren. Dann die drei Eier unterkneten.

3 Das Mehl unterheben und einen gleichmäßigen Teig kneten. 15 ml Rum zum Schluss unterheben.

4 Eine Springform einfetten, den Teig hineingeben und glattstreichen. Für 40 Minuten backen lassen.

5 Nach der Backzeit den Kuchen aus der Springform stürzen und darauf die restlichen 15 ml Rum verteilen.

6 Während der Kuchen auskühlt, die Glasur vorbereiten: Dafür den Puderzucker mit den 20 ml Rum vermischen.

7 Die Glasur auf dem Kuchen verteilen und hart werden lassen.

QUATRE-QUARTS-KUCHEN

12 Port.

1 Std. 20 Min.

Leicht

Zutaten

280 g Butter
280 g Mehl
280 g Zucker
5 Eier
1 TL Puderzucker

Nährwerte p. P.

376 kcal
41 g Kohlenhydrate
21 g Fett
6 g Eiweiß

1 Den Backofen auf 180 Grad Umluft vorheizen.

2 Die Eier trennen und das Eiweiß steif schlagen. Eigelb mit dem Zucker für drei bis vier Minuten verrühren, bis sich der Zucker aufgelöst hat.

3 Die Butter portionsweise unterrühren. Das Mehl ebenfalls portionsweise unter den Teig heben.

4 Zwei Drittel des Eiweißes vorsichtig unter den Teig heben. Dann erst das restliche Eiweiß unterheben.

5 Eine Kastenform einfetten und mit Mehl bestäuben. Den Teig in die Kastenform füllen und für 50 bis 60 Minuten backen lassen.

6 Nach den ersten zehn Minuten den Kuchen der Länge nach einschneiden, damit er gut aufgeht.

7 Nach dem Backen abkühlen lassen, aus der Form lösen und mit dem Puderzucker bestreuen.

SÜẞE CRÊPES

8 Port.

50 Min.

Leicht

Zutaten

50 g Zucker
120 g Mehl
2 Eier
240 ml Milch
1 EL Öl
1 Prise Salz
Öl zum Braten

Nährwerte p. P.

135 kcal
18 g Kohlenhydrate
4 g Fett
6 g Eiweiß

1 Die Eier mit dem Zucker und der Milch verrühren. Das Salz hinzufügen und noch einmal mixen.

2 Das Mehl nach und nach hinzugeben und dabei stetig rühren, bis ein glatter Teig entsteht.

3 Für eine halbe Stunde gehen lassen. Dann das Öl unter den Teig heben.

4 Etwas Öl in einer Pfanne erhitzen und einen großen Löffel Teig in die Pfanne geben.

5 Durch Schwenken den Teig gleichmäßig dünn verteilen und zu leicht gebräunten Crêpes backen.

6 Die fertigen Crêpes können gestapelt im Backofen bei circa 70 Grad warmgehalten werden.

Getränke

FRENCH HOT COFFEE

1 Port.

10 Min.

Leicht

Zutaten

2 cl Calvados
2 cl Grand Marnier
1 Tasse schwarzer Kaffee
2 TL Sahne
brauner Zucker nach Geschmack

Nährwerte p. P.

68 kcal
2 g Kohlenhydrate
3 g Fett
1 g Eiweiß

1 Den Calvados in einem kleinen Topf zusammen mit dem Grand Marnier erhitzen. Nicht zum Kochen bringen!

2 Den warmen Alkohol in ein feuerfestes Glas füllen. Falls gewünscht, geben braunen Zucker hinzugeben. Jetzt das Glas mit dem Kaffee auffüllen.

3 Die Sahne leicht aufschlagen und vorsichtig auf dem Kaffee verteilen.

RHUM ARRANGE

1 Port. 10 Min. Leicht

Zutaten

500 ml weißer Rum
2 Stängel Zitronengras
2 Vanilleschoten
2 Nelken
1 ½ Lorbeerblätter
1 Sternanis

Nährwerte p. Glas

64 kcal
0 g Kohlenhydrate
0 g Fett
0 g Eiweiß

1 Alle Zutaten in einer Flasche mischen und für sechs Wochen ziehen lassen.

2 Anschließend genießen.

CIDER-COCKTAIL

3 Port.

10 Min.

Leicht

Zutaten

3 Flaschen Rohwein
1 Glas Sauerkirschen in Sirup
25 cl Calvados
3 Äpfel
8 Päckchen Vanillezucker

Nährwerte p. Glas

390 kcal
56 g Kohlenhydrate
0 g Fett
1 g Eiweiß

1 Vanillezucker, Calvados und das Glas Sauerkirschen mit dem Sirup in einem großen Behälter miteinander vermischen.

2 Die Äpfel in Scheiben schneiden, entkernen und für 24 Stunden im Kühlschrank in dem Calvados-Gemisch mazerieren lassen.

3 Kurz vor dem Servieren den frischen Apfelwein hinzugeben.

BRETONISCHER WINTER-DAIQUIRI

1 Port.

7 Min.

Leicht

Zutaten

5 cl weißer Rum
2 cl Zuckersirup
2 cl Limettensaft
5 cl Cidre Doux
½ TL Salz
½ TL Zucker
2 Thymianzweige
Prise Anis
Prise Zimt
ein paar Eiswürfel

Nährwerte p. P.

180 kcal
17 g Kohlenhydrate
0 g Fett
0 g Eiweiß

1 Zucker, Salz, Zimt und Anis miteinander vermischen und auf einem flachen Teller verteilen.

2 Den Rand eines Margarita-Glases mit etwas Limettensaft anfeuchten und in die Mischung auf dem Teller tauchen, damit ein leckerer und hübscher Rand entsteht.

3 Sirup, Saft und Rum mit etwas Eis in einem Shaker für zwölf Sekunden shaken und in das Glas geben.

4 Mit dem Cidre Doux auffüllen und die Thymianzweige in das Glas geben.

THE GRAND BRETAGNE NO. 1

1 Port.

3 Min.

Leicht

Zutaten

1 ½ oz Gin
½ oz Aprikosenlikör
½ oz Limettensaft
1 EL Eiweiß
1 Spritzer Bitterorange

Nährwerte p. P.

160 kcal
12 g Kohlenhydrate
0 g Fett
3 g Eiweiß

1 Alle Zutaten in einen Shaker geben, shaken und in einem Glas servieren.

CHOUCHEN

2 Port.

3 Min. + 3 Mon.

Mittel

Zutaten

2 kg Honig
500 ml Wasser
1 ½ l Apfelsaft
2 Zitronen
1 Würfel Hefe

Nährwerte p. Glas

380 kcal
45 g Kohlenhydrate
0 g Fett
1 g Eiweiß

1 Chouchen ist ein langwieriges Rezept, für das Sie Geduld benötigen.

2 Den Honig im Wasser auflösen und das Gemisch unter Rühren aufkochen lassen. Dabei immer wieder den Schaum von der Oberfläche abschöpfen. Anschließend die Mischung abkühlen lassen.

3 Währenddessen die Hefe im Apfelsaft auflösen. Es sollte sich nach ein paar Minuten Schaum bilden. Dann arbeitet die Hefe.

4 Sobald die Honig-Wasser-Mischung abgekühlt ist, diese in ein großes Gefäß gießen. Die Zitronen auspressen und den Saft hinzugeben. Dann den Apfelsaft mit der Hefe dazu mischen.

5 Das Gefäß verschließen, es sollte aber noch Luft hinein können. Das Getränk für ungefähr drei Monate gären lassen.

6 Nach drei Monaten in ein neues Gefäß geben und noch einmal drei Monate gären lassen. Nach der Zeit in Flaschen abfüllen und wieder drei Monate gären lassen. Dann genießen.

KIR BRETON

1 Port.

1 Min.

Leicht

Zutaten

100 ml Cidre
2 cl Crème de Cassis
Eiswürfel

Nährwerte p. P.

80 kcal
10 g Kohlenhydrate
0 g Fett
0 g Eiweiß

1 Den Crème de Cassis in ein Glas gießen. Dann den Cidre langsam hinzugeben.

2 Eiswürfel vorsichtig in das Glas geben und genießen.

Soßen, Cremes und Dips

TAPENADE

OLIVENPASTE

4 Port.

15 Min.

Leicht

Zutaten

100 g Sardellen
200 g schwarze Oliven
100 g Kapern
2 Knoblauchzehen
2 EL Olivenöl

Nährwerte p. P.

281 kcal
4 g Kohlenhydrate
25 g Fett
8 g Eiweiß

1 Die Oliven, falls nötig, entkernen und zerkleinern.

2 Alle weiteren Zutaten zu den Oliven geben und pürieren.

SAUCE HOMARDINE

HUMMERSOßE

4 Port.

40 Min.

Leicht

Zutaten

900 g Hummerschalen
200 ml Crème fraîche
100 ml Weißwein
3 EL Olivenöl
50 ml Cognac
2 Schalotten
1 Knoblauchzehe
1 EL Petersilie
1 EL Tomatenmark
Salz, Pfeffer

Nährwerte p. P.

480 kcal
13 g Kohlenhydrate
35 g Fett
3 g Eiweiß

1 Die Hummerschalen mit einem Mörser oder Nudelholz zerkleinern. Knoblauch und Schalotten schälen und fein hacken.

2 In einer Pfanne das Olivenöl erhitzen und Zwiebeln, Knoblauch und gehackte Petersilie hineingeben. Für fünf Minuten bei hoher Hitze anbraten.

3 Die Hummerschalen hinzugeben und für weitere drei Minuten bei starker Hitze braten, dabei gut umrühren.

4 Mit dem Cognac ablöschen und den Weißwein hinzugeben. Tomatenmark in die Pfanne geben. Für zehn Minuten köcheln und reduzieren lassen.

5 Crème fraîche in die Pfanne mischen. Die Soße durch ein Sieb passieren, salzen und pfeffern und servieren.

ARTISCHOCKENCREME

 4 Port.

 5 Min.

 Leicht

Zutaten

450 g abgetropfte Artischocken aus dem Glas
2 EL Crème fraîche
1 Knoblauchzehe
2 EL Olivenöl
1 TL Honig
1 TL Zitronensaft
50 g Basilikum
Salz, Pfeffer

Nährwerte p. P.

120 kcal
8 g Kohlenhydrate
8 g Fett
2 g Eiweiß

1 Den Knoblauch schälen und fein hacken. Artischocken, Crème fraîche, Knoblauch, Honig, Basilikum und Zitronensaft pürieren.

2 Olivenöl einrühren und mit Pfeffer und Salz abschmecken.

CRÈME DE MARRON

MARONENCREME

6 Port. 45 Min. Leicht

Zutaten

400 g vorgegarte Esskastanien
150 ml Dattelsirup
¼ TL Salz
1 TL Vanilleextrakt
etwas Zitronensaft

Nährwerte p. P.

200 kcal
50 g Kohlenhydrate
0 g Fett
1 g Eiweiß

1 Die Maronen an der flachen Seite kreuzweise einritzen und für sieben bis acht Minuten in kochendem Wasser blanchieren. Anschließend schälen und auch die Innenhaut entfernt.

2 Das Maronenfleisch in einen großen Topf geben und so viel Wasser einfüllen, dass die Maronen gerade bedeckt sind. So lange kochen lassen, bis sich die Maronen leicht zerdrücken lassen. Anschließend abgießen, das Wasser aber auffangen.

3 Die Maronen zu einem feinen Mus pürieren. Wenn es zu dick wird, ein bisschen Kochwasser nachkippen.

4 Dattelsirup und Vanille hinzugeben. Mit etwas Salz und Zitronensaft abschmecken und in Gläser abfüllen.

SAUCE ARMORICAINE

HUMMERSOßE

 4 Port.

 40 Min.

 Mittel

Zutaten

2 Zwiebeln
1500 g Hummerschalen
1 Karotte
2 Stangensellerie
1 Knoblauchzehe
1500 g Garnelenschalen
2000 ml Fischfond
35 g Mehl
500 ml pürierte Tomaten
100 ml Olivenöl
125 ml Cognac
2 Zweige Thymian
1 Prise Cayennepfeffer
Salz, Pfeffer

Nährwerte p. P.

320 kcal
22 g Kohlenhydrate
22 g Fett
7 g Eiweiß

1 Das Öl in einem großen Suppentopf bei mittlerer Hitze erhitzen.

2 Das Gemüse fein würfeln, den Knoblauch fein hacken und mit in den Topf geben. Hummer- und Garnelenschalen hinzufügen. Unter Rühren für zehn Minuten anbraten. Anschließend mit dem Cognac ablöschen und flambieren. Den Kochtopf dabei vorsichtig schwenken.

3 Wenn das Feuer aus ist, die Tomaten dazugeben und für fünf Minuten bei geringer Hitze kochen lassen. Fischfond, Cayennepfeffer und Thymian zugeben und 15 Minuten kochen lassen.

4 Mit einem Löffel etwa vier Esslöffel des Ölfilms von der Oberfläche abschöpfen, in einen kleinen Bräter geben und auf mittlerer Hitze erhitzen. Dann das Mehl untermengen und kurz anschwitzen.

5 Mit einem Schneebesen rühren, zwei Kellen der Soße hinzugeben und aufkochen lassen. Ist die Flüssigkeit angedickt, wieder zu der restlichen Soße geben und für 45 Minuten köcheln lassen.

6 Die Soße durch ein Sieb in einen sauberen Kochtopf passieren. Mit Pfeffer und Salz nachwürzen.

CRÈME DE CARAMEL AU BEURRE SALÉ

KARAMELL-CREME MIT GESALZENER BUTTER

4 Port.

20 Min.

Leicht

Zutaten

200 ml Sahne
200 g Zucker
150 g Butter
4 g Meersalz

Nährwerte p. P.

532 kcal
51 g Kohlenhydrate
36 g Fett
2 g Eiweiß

1 Den Zucker in einem großen Topf zu goldenem Karamell schmelzen lassen. Dabei aufpassen, dass er nicht zu dunkel wird.

2 Den Topf vom Herd nehmen und dann die Sahne unterrühren. Die Mischung erneut aufkochen und so lange rühren, bis sich das Karamell vollkommen aufgelöst hat.

3 Das Salz und die Butter in Stücken dazugeben. Wieder aufkochen lassen und für eine Minute blubbern lassen. Dann in ein Metallgefäß füllen und abkühlen lassen.

BEURRE BLANC

WEIßE BUTTERSOßE

4 Port.

15 Min.

Leicht

Zutaten

1 kleine Schalotte
250 g kalte Butter
½ Zitrone, der Saft davon
200 ml trockener Weißwein
Salz, Pfeffer

Nährwerte p. P.

500 kcal
2 g Kohlenhydrate
52 g Fett
1 g Eiweiß

1 Die Schalotte schälen und fein würfeln. Die kalte Butter in Scheiben schneiden. Die Schalotten mit dem Weißwein in einen Topf geben und einkochen.

2 Mit dem Schneebesen die kalten Butterscheiben einrühren. Mit Pfeffer, Salz und Zitronensaft abschmecken.

3 Die Soße nicht zu heiß werden lassen, sonst gerinnt die Butter. Durch ein Sieb passieren und servieren - am besten mit Wolfsbarsch.